DE LA PUBLICITÉ

DES

CONTRATS PÉCUNIAIRES DE MARIAGE

D'APRÈS

LA LOI DU 10 JUILLET 1850

PAR

DANIEL DE FOLLEVILLE,

Avocat à la cour d'appel de Douai, Professeur de Code civil
à la Faculté de droit.

———

Extrait de la **Revue pratique de droit français,**
Tome XXXII, pages 218 et suivantes.

———

PARIS

A. MARESCQ AINÉ, LIBRAIRE-ÉDITEUR
17, RUE SOUFFLOT, 17

—

1872

DE LA PUBLICITÉ

DES

CONTRATS PÉCUNIAIRES DE MARIAGE

DE LA PUBLICITÉ

DES

CONTRATS PÉCUNIAIRES DE MARIAGE

D'APRÈS LA LOI DU 10 JUILLET 1850

PAR

DANIEL DE FOLLEVILLE,

Avocat à la cour d'appel de Douai, Professeur de Code civil
à la Faculté de droit.

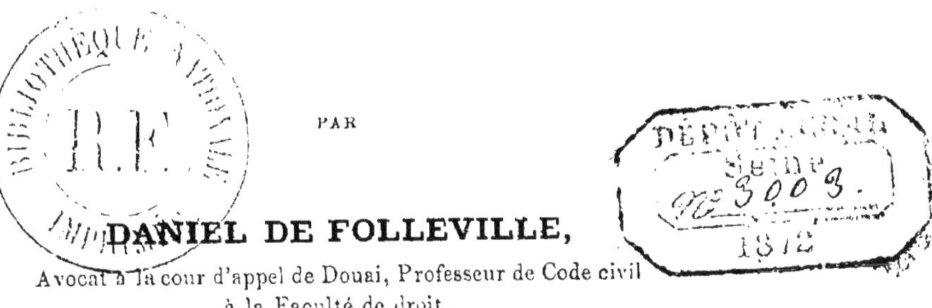

———

Extrait de la **Revue pratique de droit français,**
Tome XXXII, pages 218 et suivantes.

———

PARIS

A. MARESCQ AINÉ, LIBRAIRE - ÉDITEUR

17, RUE SOUFFLOT, 17

———

1872

DE LA PUBLICITÉ

DES CONTRATS PÉCUNIAIRES DE MARIAGE

D'APRÈS LA LOI DU 10 JUILLET 1850.

SOMMAIRE.

. Exposition et division du sujet. — 2. *Généralités*. Le contrat pécuniaire de mariage intéresse à la fois la société, les futurs époux et les tiers.
— 3. Utilité d'une révélation officielle et publique des contrats de mariage.
— 4. Énumération des différents régimes matrimoniaux. — 5. De la communauté légale. — 6. De la communauté conventionnelle. — 7. Du régime
exclusif de communauté. — 8. De la clause de séparation de biens. — 9. Du
régime dotal. — 10. Motifs de la préférence accordée par le législateur au
régime de la communauté légale. — 11. Critique de l'art. 1393. — 12. L'article 1393 repose sur l'idée de quasi-contrat ; démonstration. — 13. Lacune
du Code civil, en matière de publicité, relativement aux contrats de mariage.
— 14. Inconvénients nombreux de cet état de choses. — 15. Première ten-
tative de réforme par le Code de commerce, art. 67 à 70. — 16. Insuffi-
sance de cette réforme. — 17. Position particulièrement dangereuse des
tiers placés en face d'une femme mariée sous le régime dotal. — 18. Suite.
— 19 et 19 *bis*. But et portée de la loi du 10 juillet 1850. — 20. I. *Obligations imposées aux notaires* par la nouvelle loi. — 21. Suite. — 22. Classifi-
cation doctrinale de ces obligations. — 23. De la lecture exigée par l'art. 1394
in fine. — 24. De la mention de cette lecture. — 25. De la remise du certificat sur papier libre et sans frais. — 26. *Quid* si l'un des époux est commerçant? — 27. *Quid* en cas de contre-lettres au contrat de mariage? Le
notaire doit-il, à propos de chacun des actes additionnels, renouveler les
lecture, mention, etc., que prescrit la nouvelle loi? Controverse. —
27 *bis*. Suite. — 27 *ter*. Suite. — 28. II. *Obligations imposées aux officiers
de l'état civil*. Texte des art. 75 et 76 modifiés par la loi du 10 juillet 1850.
— 29. Circulaire du ministre de la justice. — 30. Énumération des diverses obligations que doit remplir l'officier de l'état civil. — 31. De l'interpellation prescrite par l'art. 75 al. 2. — 32. A quelles personnes l'interpellation doit-elle être adressée ? — 33. Cette interpellation doit aussi être
adressée aux personnes qui autorisent le mariage. — 34. Suite. — 35. Différents points sur lesquels doit porter l'interpellation. — 36. Mentions que
l'officier de l'état civil doit insérer dans l'acte de célébration du mariage. —
37. Suite. — 38. Du cas où l'officier de l'état civil n'aurait pas observé

quelqu'une des formalités requises par la nouvelle loi. Différentes combinaisons pratiques, et sanction. — 39. Suite. — 40. Suite. — 41. Suite. —
42. Suite. — 43. III. *Obligations imposées aux futurs époux et aux personnes
qui autorisent le mariage.* Exposition. — 44. De l'obligation de répondre
loyalement à l'interpellation de l'officier de l'état civil. — 45. *Quid* si cette
interpellation n'était pas faite ? — 46. Les futurs époux peuvent, en cas
d'omission ou d'erreur, provoquer la rectification de l'acte de célébration de
leur mariage. — 47. IV. *Devoirs particuliers imposés par la loi du 10 juillet
1850 aux procureurs de la République.* Texte de l'art. 76 *in fine.* — 48. Le
ministère public a un pouvoir de police, de contrôle général et de vérification ; il peut, de plus, dans le cas particulier prévu par la nouvelle loi, demander la rectification de l'acte de célébration du mariage, en cas d'omissions ou d'erreurs. — 49. V. *Sanction établie par la nouvelle loi.* Notaires.
— 50. Officiers de l'état civil. — 51. Procureurs de la République. —
52. Sanction applicable aux époux qui feraient une fausse déclaration. —
53. Mode de répression proposé par M. Gavini. — 54. Ses avantages. —
55. Ses inconvénients. Réfutation de M. Valette. — 56. Texte de l'art. 1391
in fine, et système de répression organisé par la loi du 10 juillet 1850. —
57. Observations préliminaires. — 57 *bis.* Suite. — 57 *ter.* Suite. —
58. D'après l'art. 1391 *in fine,* en cas de déclarations mensongères, la
femme est réputée, à l'égard des tiers, capable de contracter dans les termes
du droit commun. Interprétation de ces expressions. — 59. Est-ce à dire
que la femme mariée doive, dans ce cas, être assimilée à une fille majeure ?
— 60. Est-ce à dire que la femme mariée, quelle qu'ait été la teneur de
son contrat de mariage, doive toujours être, dans le même cas, réputée
commune en biens ? — 61. L'art. 1391 *in fine* ne vise que la femme mariée
sous le régime dotal, pour effacer uniquement l'inaliénabilité de l'art. 1554
avec les conséquences rigoureuses qui s'y rattachent. — 62. Démonstration
de cette affirmation. — 63. Appréciation et critique de la loi du 10 juillet
1850, et de la sanction qu'elle imprime à ses dispositions fondamentales.

1. — La loi du 10 juillet 1850, relative à la publicité (1) des
contrats de mariage, n'a jamais été, du moins à notre con-

---

(1) Dépôt par MM. Benoit-Champy, Moreau et Valette, d'une proposition
relative à la publicité des contrats de mariage, dans la séance du 16 janvier
1850 (V. *Moniteur* du 17, p. 84), et renvoi à la commission d'initiative
parlementaire. — Rapport de M. Carteret sur la prise en considération, le
16 février, et prise en considération, le 15 mars (V. *Moniteur* du 19 février,
p. 598, et du 16 mars, p. 892). — Rapport sur le fond, par M. Valette, à
la séance du 11 juin (*Moniteur* du 17 juin, p. 2088). — Première délibération, séance du 17 (*Mon.* du 18 p. 2095). — Deuxième délibération, séance
du 2 juillet (*Mon.* du 3, p. 2266 et suivantes). — Troisième délibération et

naissance, l'objet d'un commentaire détaillé. Les auteurs se contentent, en général, d'en mentionner l'existence, sans y consacrer tous les développements que son importance autoriserait. Nous avons donc pensé qu'il pourrait ne point être inutile de donner une étude, doctrinale et pratique en même temps, de cette loi nouvelle. Nous prendrons comme bases de nos développements le rapport si substantiel fait par M. Valette au nom de la commission (D. P. 1850, 4, 150 à 154), les observations présentées par M. Gavini lors de la discussion à l'Assemblée nationale législative dans la séance du mardi 2 juillet 1850, et la circulaire de M. Rouher, ministre de la justice, du 13 novembre 1850 (D. P. 1850, 3, 79 et 80). Ces différents documents seront fréquemment cités dans le cours de ce travail, que nous diviserons de la manière suivante.

Nous commencerons, sous ce titre, *Préliminaires et généralités* du sujet, par énumérer les inconvénients qui résultaient, (en présence des art. 1394 à 1397 du Code civil) de la clandestinité des contrats de mariage ; nous signalerons, en passant, les améliorations apportées à cet état de choses par les art. 65 à 70 du Code de commerce, qui ont été un acheminement naturel à la réforme radicale inaugurée en 1850, sur l'initiative éclairée de M. Valette et de MM. Benoît-Champy et Moreau. Nous préciserons enfin le but et la portée de la nouvelle loi.

Puis, entrant dans le détail des dispositions dont l'ensemble constitue la loi du 10 juillet 1850, incorporée désormais aux art. 75, 76, 1391 et 1394 du Code civil, nous rechercherons successivement dans cinq parties distinctes :

adoption définitive du projet de loi, à la séance du 10 juillet (*Moniteur* du 11, p. 2364). — Le texte officiel de la loi du 10 juillet 1850 se trouve rapporté dans le *Moniteur* du jeudi 18 juillet, n° 199, p. 215. Comparez Sirey, *Lois annotées* (1848 à 1851), p. 149. *En Belgique*, une disposition additionnelle à la loi hypothécaire du 16 décembre 1851 exige que tout acte de célébration d'un mariage énonce la date des conventions matrimoniales des époux et l'indication du notaire qui les a reçues : faute de quoi, les clauses dérogatoires au droit commun ne pourraient être opposées aux tiers qui auraient contracté avec les époux *dans l'ignorance* des conventions matrimoniales. (V. M. Arntz, *Cours de droit civil français*, t. 2, n°ˢ 513 et suivants.

1° Quelles sont les obligations imposées par la nouvelle loi aux notaires ;

2° Quelles sont celles qui incombent aux officiers de l'état civil ;

3° Quelles sont celles que doivent remplir eux-mêmes les futurs conjoints et les personnes qui autorisent le mariage ;

4° Quels sont les devoirs particuliers assignés aux procureurs de la République, chargés de la vérification des registres de l'état civil ;

5° Enfin, nous indiquerons les dispositions qui sanctionnent l'accomplissement de ces différentes obligations, et nous apprécierons les résultats et la portée économique de la réforme définitive inaugurée par la loi du 10 juillet 1850.

Préliminaires et généralités.

2. — Le contrat pécuniaire de mariage exerce l'influence la plus décisive sur la vie civile. Ce contrat solennel et accessoire, par lequel les futurs époux règlent, au point de vue de leurs biens, les conséquences de l'association conjugale, intéresse à la fois la société, les futurs époux et les tiers.

Il intéresse d'abord la société : le mariage, en effet, est la source des familles, et par suite le fondement de tout ordre stable et régulier ; or, les stipulations matrimoniales intervenues ou à intervenir sont toujours la condition, sinon même la cause déterminante, du mariage.

Les futurs époux surtout doivent souhaiter que leur situation pécuniaire soit solidement assise et sérieusement organisée : car la loi de capacité, librement acceptée au moment de leur union, va exercer une influence profonde sur leur vie tout entière. Un contrat de mariage bien fait peut être le point de départ de la fortune la plus brillante, ou au contraire une source de ruine et de désastres.

Enfin le contrat de mariage intéresse singulièrement aussi les tiers, qui peuvent plus tard entrer en relations d'affaires avec les époux. Il n'en est pas, en effet, de ce contrat comme des conventions de droit commun, lesquelles, d'après l'art. 1165, n'ont d'effets qu'entre les parties contractantes, et ne peuvent nuire aux tiers, ni leur profiter. Tout au con-

traire, le contrat de mariage est une règle absolue et univer-
selle de capacité, que les époux se créent à eux-mêmes,
dans la souveraineté de leur indépendance, en vertu d'une
sorte de délégation sociale, et qu'ils imposent du même coup
aux tiers : aussi l'on a pu dire avec vérité. à ce point de vue,
que le contrat de mariage porte un caractère presque législatif : « L'ordre public et l'ordre privé, dit M. Troplong
« (*Traité du contrat de mariage*, t. 1er, no 1), s'y rencontrent
« associés. Les époux qui s'unissent, les familles qui s'allient,
« la lignée qui va venir, les tiers qui contracteront, le pré-
« sent et tout un avenir, voilà ce qu'embrasse, dans sa pré-
« voyance, cette charte du foyer domestique : elle touche à
« tout ce qu'il y a de plus essentiel et de plus vital dans
« l'État ; le crédit et la propriété ne sauraient faire un mou-
« vement sans y aboutir. »

3. — Ce que l'*intérêt des tiers* réclame avant tout, c'est évidemment la révélation officielle et publique de l'existence des
contrats de mariage, et l'indication des notaires auxquels il
convient de s'adresser pour connaître exactement la position
des époux et les conventions régulatrices de leur existence
désormais confondue et associée. La capacité de contracter
diffère singulièrement, en effet, suivant le régime matrimonial adopté par la libre initiative des conjoints.

4. — Tout en proclamant, dans l'art. 1387, le rand principe de la liberté des conventions, le Code civil offre au choix
des époux quatre régimes principaux et essentiellement distincts : 1° le régime de la communauté légale (art. 1399 à
1496) ou conventionnelle (art. 1497 à 1528); — 2° le régime
exclusif de communauté, ou encore le régime sans communauté (art. 1529 à 1535); — 3° le régime de séparation de
biens (art. 1536 à 1539); — 4° le régime dotal (art. 1540
à 1581).

5. — Ce qui caractérise surtout la communauté légale, c'est
la création, entre les conjoints, d'une société de biens for-
mant une masse indivise que le mari administre avec les
pouvoirs les plus étendus, sous la réserve toutefois du droit,
pour la femme, de demander sa séparation de biens si sa dot
est mise en péril, et en tout cas de renoncer à la communauté, si elle est mauvaise, au moment de sa dissolution.

Comparez les art. 1401, 1409, 1421 à 1425, 1443, 1453 et suiv.

6. — La communauté conventionnelle se constitue par des modifications plus ou moins radicales apportées, au gré des conjoints, au type légal que nous venons d'esquisser. Comparez les art. 1496, 1500, 1505, 1510, 1514, 1515, 1520 et suiv.

7. — Sous le régime exclusif de communauté, tous les biens de la femme lui restent personnels ; mais le mari en a seul l'administration et la jouissance, sous la condition de subvenir aux charges du ménage : s'il réalise des économies, elles forment son apanage exclusif. Voyez les art. 1530 et 1531. Ce régime est le moins usité de tous dans la pratique. Il présente, en effet, pour la femme, tous les inconvénients du régime dotal sans en avoir les avantages et les garanties.

8. — Le régime de séparation de biens, lequel peut non-seulement résulter d'une convention formelle antérieure au mariage, mais d'une décision judiciaire intervenue au cours de l'union conjugale, présente les caractères distinctifs suivants : chacun des deux conjoints garde l'administration personnelle et la jouissance indépendante de sa fortune : il est pourvu aux charges communes à l'aide d'une subvention dont le montant est fixé par la loi, à défaut de convention : comparez les art. 1537 et 1448; voyez aussi les art. 1449, 1450, 1536, 1538 et 1539.

9. — Sous le régime dotal, le mari a l'administration et la jouissance de la dot de sa femme, et l'art. 1549 lui accorde même, dans son alinéa 2ᵉ, des pouvoirs à certains égards plus étendus que ceux qui lui appartiennent sous le régime de la communauté légale. Mais, à côté des biens constitués en dot, la femme se réserve *habituellement* des biens paraphernaux, dont elle garde l'administration et la jouissance indépendante, comme sous la clause de séparation de biens. Voyez, en effet, les art. 1574 à 1580. Quant aux biens dotaux, notamment en ce qui concerne les immeubles, ils sont, *la plupart du temps*, frappés d'inaliénabilité (art. 1554 et suiv.), ce qui aboutit à les rendre, par voie de conséquence, imprescriptibles et insaisissables.

10. — Le législateur laisse aux futurs époux le choix entre ces divers régimes, si différents dans les conséquences aux-

quelles ils aboutissent. Toutefois il a manifesté une préférence marquée pour le régime de la communauté légale : car, aux termes de l'art. 1393, « à défaut de stipulations spé- « ciales qui dérogent au régime de la communauté ou le « modifient, les règles établies dans la première partie du « chapitre II forment le droit commun de la France. » Trois motifs principaux semblent avoir assuré à ce régime les préférences du législateur : 1° la communauté légale, bien qu'elle ait son origine première dans les coutumes germaniques, s'est définitivement constituée et développée sur le sol français. (Voyez M. Arntz, *Cours de droit civil français*, t. 2, p. 219 à 228.) 2° Le régime de communauté semble particulièrement conforme à la nature même du mariage. Les époux qui sont unis, dans une complète association de leurs existences, par un lien indissoluble, doivent être également unis dans une même espérance de bonne ou de mauvaise fortune. 3° Enfin, le régime de communauté a l'immense avantage, tout en accordant au mari une liberté très-grande d'administration, d'intéresser directement la femme à la prospérité du ménage.

11. — Ces raisons, qui ont assurément dicté la solution contenue dans l'art. 1393, ne sont peut-être pas tout à fait satisfaisantes : la vraie formule morale et législative, à notre avis du moins, est bien plutôt celle-ci : chacun des époux doit, en principe et tant qu'une convention formelle n'est point intervenue en sens contraire, conserver la pleine propriété et la libre administration des biens qui lui appartiennent, sauf à être virtuellement soumis, par le fait même du mariage, à l'obligation de contribuer, dans la mesure des facultés respectives, à l'acquittement des charges du ménage. Dès lors, c'est la séparation de biens qui aurait dû être logiquement le régime de droit commun (V. art. 544 et 545). Nous partageons pleinement sur ce point les idées exprimées par M. Acollas, dans son *Manuel de droit civil*, t. III, p. 9. La solution actuelle du Code a l'inconvénient de favoriser souvent les mariages de spéculation, dans lesquels la considération de la fortune domine la considération des personnes, au grand détriment de l'intérêt social et de l'avenir de la famille qui se fonde. D'ailleurs, aujourd'hui, grâce à l'immense développement de la richesse mobilière, et à la disposition des

art. 529 et suivants, la communauté conjugale obtient des biens que l'ancien droit n'y eût jamais fait tomber.

12. — Quoi qu'il en soit, la loi est ainsi faite, et nous devons préciser la base juridique de l'art. 1393. D'après ce texte combiné avec l'art. 1400, la communauté légale s'établit dans trois cas : 1° lorsque les époux déclarent purement et simplement adopter ce régime; 2° lorsqu'il n'existe pas du tout de contrat de mariage entre les conjoints; 3° lorsque le contrat de mariage rédigé par les futurs époux devant notaires, tombe, à raison d'un vice radical quelconque. Dans le premier cas, c'est la convention expresse qui sert de fondement à la constitution de la communauté légale : les parties sont soumises à cette organisation quant à leurs biens, *ex contractu*. Dans le second cas, la doctrine généralement adoptée consiste à dire que les parties sont mariées sous le régime de la communauté légale, nonobstant leur silence, par une sorte de convention tacite résultant de ce qu'elles n'ont pas stipulé un autre régime. En principe, disent les partisans de cette théorie, l'on doit sous-entendre, dans tout contrat, les clauses d'usage, *ea quæ sunt moris et consuetudinis :* comparez les articles 1156 à 1164. Eh bien! les parties ont formé un contrat de mariage, et les futurs époux ont été déclarés unis par un officier de l'état civil : il faut sous-entendre, par voie de conséquence, dans ce contrat principal qui concerne les personnes, la convention de communauté quant aux biens, parce que cette convention est à la fois conforme à l'usage, à la loi et à la nature des relations conjugales. Comparez Pothier, *Traité de la Communauté,* n°ᵉ 10, 11 et 12, édit. Bugnet, t. 7, p. 59 et suiv. Cette manière de raisonner nous paraît empreinte d'une exagération manifeste : en tout cas, avec cette théorie, on n'explique pas du tout comment des époux peuvent être mariés fatalement sous le régime de la communauté légale, lorsqu'ils avaient affirmé, au contraire, la volonté d'exclure ce régime, dans un contrat pécuniaire de mariage, qui est devenu ensuite inutile à raison d'un vice absolu et radical, par exemple à raison d'un vice de forme. L'on est également fort embarrassé pour expliquer l'extension du régime de communauté aux incapables qui ont fait un contrat de mariage sans être assistés de ceux dont le consentement était nécessaire pour la validité de 'union conjugale.

La difficulté est même si grande alors, que nous voyons M. Bertauld, dans ses *Questions pratiques et doctrinales* de Code Nap., t. Ier, p. 493, nos 622 et 623, ne pas pouvoir se résoudre à imposer le régime de la communauté légale à des époux incapables, et se prononcer, nonobstant la disposition si absolue cependant de l'art. 1393, en faveur du système de la communauté réduite aux acquêts. La véritable base de l'article 1393, celle qui permet d'expliquer toutes ses applications, sans en excepter aucune, nous paraît être celle-ci : l'association, la communauté de biens qui existe, en vertu de la disposition contenue dans l'art. 1393, à défaut de contrat, ou dans l'hypothèse d'un contrat annulé, trouve son fondement dans l'idée surtout de quasi contrat : la communauté légale se forme alors *quasi ex contractu :* en dernière analyse, par application de l'art. 1370, le Code civil tire de ce fait volontaire et licite une fois réalisé, à savoir l'union conjugale, les conséquences pécuniaires dictées par la raison : le législateur, en un mot, affirme et proclame les lois économiques et les obligations réciproques qui lui paraissent s'imposer comme une suite nécessaire du fait primordial posé par la libre initiative individuelle. Ce fondement une fois accepté, l'application du régime de la communauté légale, même aux incapables qui n'ont point observé les formalités protectrices édictées par l'art. 1398, se comprend aisément : ce sont les aliénations volontaires qui sont prohibées par les art. 450 et suiv., 513 et suiv., et par l'art. 1398 lui-même, parce que ce sont en effet les plus redoutables, en présence d'un incapable dont le discernement est suspect : mais il en est autrement des aliénations légales qui découlent nécessairement de l'application des principes économiques ou des règles posées par les différents Codes. Est-ce que, par exemple, l'incapable, contre lequel un tiers aurait régulièrement plaidé, ne serait pas grevé, aux termes de l'art. 2123, de l'hypothèque judiciaire ? Est-ce que, s'il était marié, ses biens ne seraient point atteints par l'hypothèque légale établie au profit de sa femme par l'art. 2121, alinéa 1er ? Eh bien ! l'aliénation qui résulte du régime de communauté légale, aux termes de l'art. 1401, est exactement de même ordre.

Si notre allégation, qui consiste à affirmer comme fondement de l'art. 1393 l'idée de quasi-contrat, est exacte, nous

arrivons fatalement à la conclusion suivante : la loi qui, à
défaut de contrat, règle le régime applicable entre époux à
leurs biens respectifs, ne se rattache pas aux statuts réels,
parce qu'elle n'a pas, en effet, pour objet direct et prédomi-
nant l'organisation de la propriété matérielle des biens, ni le
règlement de leur dévolution : cette loi appartient au contraire au statut personnel; car son objet essentiel est la
détermination des obligations que le mariage crée entre
époux, et dès lors il s'agit d'une véritable loi de capacité. De
là résultent des conséquences pratiques considérables, dont
les principales sont esquissées dans l'art. 3 du Code civil.
Comparez M. Demolombe, t. I, nᵒˢ 87 et suivants.

13. — Les développements qui précèdent suffisent à mon-
trer l'immense intérêt que les tiers ont à connaître le régime
matrimonial des époux avec lesquels ils traitent au cours du
mariage. La capacité des époux, en effet, est essentiellement
différente, suivant qu'ils sont mariés sous le régime de la communauté légale ou conventionnelle, sous le régime exclusif de
communauté, sous le régime de la séparation de biens ou sous
le régime dotal. Il importe qu'une publicité officielle soit donnée à cette charte du foyer domestique, qui forme la loi commune des époux et de tous ceux que les circonstances amè-
neront à traiter plus tard avec eux. Or, précisément, le Code
civil contenait, sur ce point, une lacune fort grave. Les
art. 1394 à 1397 se contentent d'exiger que les conventions
matrimoniales soient rédigées avant le mariage par acte devant notaires (1). Mais les minutes des notaires ne sont pas

(1) L'art. 1394 n'exige pas, d'une manière formelle, que l'acte notarié
constatant les conventions matrimoniales soit passé *en minute*, à peine de
nullité. Personne cependant n'a jamais prétendu que le contrat de mariage,
passé, en brevet puisse être valable. On n'hésite pas à appliquer ici les articles 20 et 68 de la loi du 25 ventôse an XI. Il est certain, en effet, que
la publicité résultant d'un acte en brevet, impossible à retrouver dans l'étude
du notaire rédacteur, ne sauvegarderait que d'une manière bien imparfaite
l'intérêt des tiers. La même question se présente en ce qui concerne la
constitution d'hypothèque conventionnelle dans les termes des art. 2127
et 2148. Mais la jurisprudence se montre ici plus facile : un arrêt de la
cour d'Alger du 7 mai 1870 (D. P. 1871, 2, 1) a admis la validité d'une
hypothèque conventionnelle constituée par billet à ordre, passé *en brevet*,
devant un notaire assisté de deux témoins. Notre éminent collègue de Paris,

ouvertes au public; les tiers ne peuvent pas savoir si un contrat de mariage existe, ni où il est déposé, puisque ce contrat a pu être passé dans une étude quelconque, peut-être loin du lieu où ensuite le mariage a été célébré. Les tiers ne trouvent donc pas, dans le Code civil, un procédé certain pour arriver à savoir si les parties ont fait ou n'ont pas fait un contrat de mariage. Ils restent à la merci des époux, ne pouvant s'éclairer sur la situation réelle, qu'autant que le contrat leur est volontairement communiqué : mais encore faut-il que, d'une part, les époux soient de bonne foi, et que, d'autre part, ils consentent à la représentation de leur contrat de mariage.

14. — Cet état de choses devint bientôt, dans la pratique, la source de fraudes nombreuses : des époux veulent passer, durant le mariage, un acte que la nature de leur régime matrimonial leur interdit : ils commencent par déclarer au tiers duquel, par exemple, ils désirent obtenir un prêt d'argent, qu'ils sont mariés sans contrat. Le tiers, se fondant alors sur la disposition formelle de l'art. 1393, demeure convaincu que les époux sont placés sous le régime de la communauté légale, et il se prête en conséquence aux arrangements proposés. Et puis plus tard, quand il s'agit pour les conjoints d'exécuter à leur tour le contrat librement consenti, ils démasquent leur contrat de mariage dissimulé jusque-là, et ils en tirent parti pour faire annuler l'obligation souscrite ou l'aliénation consentie, en sorte que le tiers reste finalement victime de sa confiance excessive.

15. — Cet abus se rencontra si fréquemment que, lors de la rédaction du Code de commerce, les art. 67 à 69 furent édictés pour ordonner la publication du contrat de mariage des époux commerçants. Voyez, sur la portée de cette publicité, le traité de droit commercial de MM. Bravard-Veyrières et Ch. Demangeat, t. II, p. 3 à 10. C'était déjà une amélioration : il convient toutefois d'observer que la loi commerciale (1), en posant le principe, n'a établi, au point de vue de

M. Lyon-Caen, approuve cette solution (Dev. 1871, 2, 105), dont la légitimité nous inspire les doutes les plus sérieux. (Voyez, dans notre sens, l'excellente note de M. Dalloz à propos de l'arrêt précité.)

(1) Voici, en résumé, quelle est l'économie du Code de commerce (arti-

l'application pratique, aucune responsabilité vraiment sérieuse dans l'intérêt des tiers. Comparez, Dalloz, Tables des

cles 67-69) sur ce point : pour déterminer quand et comment doit se faire la publication du régime matrimonial de conjoints se livrant au commerce (soit que tous les deux soient également commerçants, soit qu'il n'y ait que l'un d'entre eux seulement), il faut distinguer deux cas : 1° celui où les époux étaient déjà commerçants au moment de la célébration de leur mariage ; 2° celui où ils ne sont devenus commerçants que postérieurement à la célébration de leur union civile. Dans ces deux hypothèses, il convient de rechercher d'abord qui sera chargé de faire la publication requise par la loi et sous quels régimes matrimoniaux cette publication est nécessaire, ensuite quelle est la sanction lorsqu'il y a eu défaut de publication. — *Premier cas : Les époux étaient déjà commerçants au moment du contrat pécuniaire de mariage et de la célébration de leur union civile.* — Dans cette hypothèse, le *contrat* doit être transmis par *extrait*, dans le *mois* de sa date aux greffes et chambres désignés par l'art. 872 du Code de proc. civ., c'est-à-dire aux greffes des tribunaux de première instance et de commerce, et à défaut de tribunal de commerce, au secrétariat de la maison commune du domicile du mari et aux chambres des avoués et notaires. Ledit extrait doit rester *exposé* au tableau, conformément à l'art. 872 Code proc. civ. Cet extrait indique si les époux sont mariés sous le régime de communauté, s'ils sont séparés de biens, ou s'ils se sont mariés sous le régime dotal (art. 67 C. com.). D'après l'article 68, c'est au notaire qui a reçu le contrat qu'il incombe de faire la remise dont il vient d'être parlé, sous peine d'amende, et même de destitution et de responsabilité envers les créanciers, s'il est prouvé que l'omission soit la suite d'une collusion. L'amende est fixée à 100 fr. par l'art. 68 C. com. Mais elle a été ensuite réduite à 20 fr. seulement, par une loi postérieure du 16 juin 1824 sur les droits d'enregistrement et de timbre. Lorsqu'il n'y a pas de contrat, cas auquel les époux se trouvent, d'après l'art. 1393 Cod. civ., mariés sous le régime de communauté, aucune publication n'est prescrite par le Code de commerce. — *Deuxième cas : les époux ne sont devenus commerçants que postérieurement au mariage entre eux contracté.* — L'art. 69 Cod. com. n'exige alors la publication du régime matrimonial qu'autant que les époux se trouvent mariés sous un régime autre que celui de la communauté : pour ce qui concerne cette dernière hypothèse, v. les art. 1393 et 1400 combinés du Code civil. L'obligation de faire la publication prescrite par l'art. 69 du Code de commerce est imposée à l'époux devenu commerçant, et non pas au notaire, qui ne peut pas être raisonnablement tenu de suivre ses clients dans la vie sociale, pour savoir ce qu'ils deviennent. L'époux doit faire la publication requise par la loi dans le mois de l'ouverture de son commerce, sous peine, en cas de *faillite*, de pouvoir être condamné comme *banqueroutier simple* (art. 69, al 2, modifié par la loi de révision du

vingt-deux années (1845 à 1867) v° *Cont. de mar.*, n°ˢ 71 et
suivants.

16. — En tout cas, les art. 67 et suiv. du Code de commerce n'étaient applicables qu'aux époux se livrant au négoce, et dès lors, vis à vis de la grande majorité, qui se compose de non-commerçants, les tiers restaient toujours dépourvus de tout moyen de contrôle vraiment sérieux. Sans doute, en face d'époux mariés sous les trois premiers régimes, à savoir, le régime de la communauté légale ou conventionnelle, le régime exclusif de communauté ou la clause de séparation de biens, ils avaient encore un moyen de se mettre à couvert, et l'inconvénient résultant de la lacune du Code civil n'était pas absolument insurmontable. Les tiers pouvaient, en effet, exiger l'intervention simultanée de la femme et du mari au contrat proposé, vente, échange, prêt, etc. Alors ils avaient, suivant la nature des stipulations intervenues, la femme comme co obligée conjointe ou même solidaire, à côté de son mari ; ils l'avaient au moins comme simple caution ; et pour peu que les époux fussent solvables, l'exécution du contrat était assurée. Mais c'était là, il faut l'avouer, une précaution bien rigoureuse, et à laquelle souvent les tiers ne songeaient pas. De là, dans la pratique, des mécomptes infinis et des atteintes de la plus haute gravité à l'équité et à la moralité publique.

17. — Mais il y avait un cas, en présence duquel le tiers le plus diligent restait nécessairement la victime de la mauvaise

28 mai 1838). Mais le Code de commerce ne contient aucune sanction directe établie dans l'intérêt des tiers, pour le cas où la faillite ne vient pas frapper l'époux coupable d'avoir omis les formalités de publicité. Toutefois la jurisprudence y a suppléé, en décidant, avec raison, suivant nous, que la femme même mariée sous le *régime dotal*, qui devient commerçante au cours du mariage et qui ne publie pas son régime matrimonial, reste valablement obligée sur ses immeubles dotaux : Cass. 24 déc. 1860 (D. P., 1861, 1, 373), (Dev. 1861, 1, 983). La jurisprudence voit dans la négligence de la femme un véritable quasi-délit : or, en général, le principe de l'inaliénabilité de la dot ne peut jamais servir à protéger les femmes mariées contre les suites de ceux leurs faits personnels qui constituent des crimes, des délits ou des quasi-délits : V. M. Dalloz, *Table alphabétique des vingt-deux années de 1845 à 1867*, verbo DOT, n°ˢ 382 et suiv. ; Chambéry, 11 août 1868, (D. P., 1869, 2, 13). Cass. 20 juill. 1870 (Dev. 1871, 1, 69).

foi des conjoints qui lui avaient dissimulé l'existence d'un contrat de mariage passé entre eux : nous voulons parler de l'hypothèse où le régime dotal avait formé la base de l'union conjugale. Sous ce régime, et d'après l'art. 1554, les immeubles constitués en dot sont à tout jamais inaliénables, imprescriptibles et insaisissables pendant le mariage. La femme dotale ne peut, sauf dans des cas tout à fait exceptionnels (art. 1555 et suiv.), aliéner, ni directement, ni indirectement, aucune partie de sa dot. Dès lors, la femme qui s'est constitué en dot tous ses biens indistinctement, se trouve forcément placée, durant le mariage, sous le coup d'une incapacité complète, au bénéfice de laquelle elle n'a point la faculté de renoncer : elle ne peut plus, comme sous les autres régimes, s'engager valablement vis à vis des tiers, même avec l'autorisation ou avec le concours formel de son mari. Le seul résultat d'un semblable engagement serait d'assurer au créancier une action éventuelle sur les biens que la femme pourrait acquérir ultérieurement, *après la dissolution du mariage*. De tout ceci il suit que les tiers, placés en face de deux époux mariés sous le régime dotal, étaient entièrement obligés de subir les conséquences des fausses déclarations et de la mauvaise foi de ces époux, sans trouver dans le Code civil un procédé quelconque leur permettant de vérifier, dès le début, l'exactitude des allégations produites ou d'atténuer les inconvénients pratiques de la fraude une fois réalisée. Certains tribunaux et quelques cours avaient seulement essayé d'introduire, dans la jurisprudence, la doctrine suivant laquelle toute déclaration mensongère des époux constituerait un dol, un quasi-délit, de nature à engager la dot vis à vis des tiers. Mais cette théorie n'avait point prévalu, malgré les motifs de haute moralité qui l'avaient dictée, parce qu'en effet, les principes généraux du droit et les règles particulièrement rigoureuses du régime dotal la tenaient en échec. Voyez Dalloz, Répertoire, v° *Contrat de mariage*, n° 277, et M. Troplong, *Traité du contrat de mariage*, t. I, n°ˢ 197 et 198.

Il restait donc acquis que des époux, mariés sous le régime dotal, pouvaient, dans la pratique, escroquer impunément l'argent des tiers, en leur offrant une hypothèque sur des biens dont la dotalité était soigneusement dissimulée, jusqu'à l'échéance du remboursement, époque à laquelle les époux malhonnêtes se bornaient à démasquer leur contrat de mariage, et à faire rescinder l'hypothèque, le prêt, l'aliénation, etc.

18. — Cet état de choses présentait un triple inconvénient : 1° il constituait d'abord un véritable attentat à la morale publique : car il favorisait la fraude et la spoliation ; — 2° l'équité était manifestement violée, puisque des tiers, après avoir contracté de bonne foi et sur une déclaration qu'ils n'avaient aucun moyen de contrôler, pouvaient se trouver dépouillés impunément de valeurs par eux fournies à titre de prêt, d'achat ou autrement. Il y avait là un encouragement donné à la mauvaise foi des conjoints et une atteinte à la règle générale posée par l'art. 1382, aux termes duquel, « tout fait quelconque de l'homme, qui cause à autrui un dommage, oblige celui par la faute duquel il est arrivé à le réparer ; » — 3° il résultait encore de cet état de choses une déplorable entrave pour les époux, si nombreux dans la vie ordinaire, qui sont *réellement* mariés sans contrat. Les tiers refusaient de traiter avec eux, en présence de leur impossibilité de fournir la justification de leur absence de contrat, et à raison de la défiance générale éveillée contre les déclarations de non-existence de contrats de mariage, sources fréquentes des plus tristes mésaventures. De là une atteinte profonde au crédit particulier des époux, et, par suite, un empêchement de tous les jours à la conclusion des affaires les plus indispensables. Le crédit de la société en subissait même parfois des altérations considérables.

19. — C'est précisément à ces inconvénients que la loi du 10 juillet 1850, due à l'initiative de MM. Benoît-Champy, Moreau et Valette, a eu pour but de remédier, d'une part, en donnant aux conjoints le moyen de fournir la justification de la non-existence d'un contrat pécuniaire de mariage, et, d'autre part, en fournissant aux tiers un procédé commode de vérification officielle, pour s'assurer exactement de la position des époux avec lesquels ils voudraient entrer en relations d'affaires.

19 *bis.* — De tout ce qui précède, il résulte que c'est spécialement la *situation de la femme mariée sous le régime dotal* que les auteurs de la loi du 10 juillet 1850 ont eue en vue,

parce qu'en effet, dans ce cas-là seulement, les tiers étaient *inévitablement* victimes de leur confiance dans la déclaration d'inexistence d'un contrat de mariage, sans pouvoir aucunement sauvegarder leurs intérêts par l'accession simultanée des deux époux, durant le cours de l'union civile, aux différents contrats de la vie ordinaire. M. Valette a, du reste, insisté à plusieurs reprises sur cette portée limitée de la nouvelle loi. Voici notamment en quels termes l'honorable député s'est exprimé au début de son excellent rapport :

« La proposition, dont je dois rendre compte, se rattache au système général des améliorations que l'opinion publique réclame, et qu'il faut réaliser, avec mesure et prudence, pour l'affermissement du crédit. Aussi, avant d'être prise en considération par l'Assemblée, cette proposition avait-elle été accueillie avec une grande faveur par votre commission de la réforme hypothécaire et du crédit foncier. C'est qu'en matière de crédit, toutes les institutions dépendent les unes des autres et se prêtent un mutuel appui. L'objet du projet actuel est de faire connaître aux intéressés, *par l'acte de célébration du mariage*, si les époux ont ou n'ont pas de contrat destiné à régir leur association quant aux biens, et, par suite, de préserver les tiers contre la fausse déclaration des femmes qui allèguent s'être mariées sans contrat, tandis qu'elles en ont un d'où résulte pour elles l'incapacité d'aliéner leurs biens dotaux. Pour atteindre ce but, les auteurs du projet proposent de modifier les art. 76 et 1394 du Code civil, en y introduisant les règles suivantes : 1° l'officier de l'état civil devra, sous peine d'amende, mentionner dans l'acte de célébration du mariage s'il a été fait ou s'il n'a pas été fait de contrat de mariage, et, dans le premier cas, la date du contrat, ainsi que les noms et lieu de résidence du notaire; 2° le notaire, qui reçoit un contrat de mariage, sera tenu de délivrer aux parties un certificat, sur papier libre et sans frais, énonçant les indications relatives aux mentions ci-dessus déterminées ; ce certificat indiquera en outre qu'il doit être remis à l'officier de l'état civil, avant la célébration du mariage ; 3° la femme qui, d'après son contrat de mariage, est incapable d'engager tout ou partie de ses biens, ne pourra pas opposer son incapacité aux tiers qui auront été trompés par la déclaration faite dans l'acte de célébration, et auxquels d'ailleurs la femme n'aura pas déclaré, en s'engageant, l'existence de ce contrat. Pour traiter plus facilement ce sujet, nous allons le décomposer en trois parties. D'abord, nous examinerons les inconvénients qui résultent de la clandestinité actuelle des contrats de mariage ; nous rechercherons ensuite jusqu'où les réformes doivent s'étendre, c'est-à-dire s'il faut se borner à de simples prescriptions réglementaires propres à faire connaître l'existence des contrats, ou si l'on doit y ajouter une sanction énergique, en touchant, dans certains cas, à la validité même des conventions matrimoniales ; enfin nous parlerons des corrections de détail que le projet a subies par suite du travail de la commission. A vrai dire, l'objet de ces changements n'a été que de perfectionner le projet, sans en altérer les dispositions essentielles. Mais on conçoit que, dans une pareille matière, où les plus graves intérêts des familles sont engagés, chaque phrase, ou plutôt chaque mot ait dû être pesé avec la plus scrupuleuse attention. — Indiquons d'abord les abus qui ont particulièrement attiré l'attention publique, en ce qui touche l'effet des contrats de mariage à l'égard des tiers. On sait que, de droit commun, l'incapacité des personnes (par exemple celle des mineurs, des interdits, des condamnés, etc.) se révèle par des faits dont chacun peut facilement s'instruire, et qui parfois même reçoivent une véritable publicité. Voyez les art. 26, 27, 45 et 501, Cod. civ.; art. 897, Cod. proc. civ. — Aussi, chez nous, a-t-on pu, sans injustice, adopter la maxime romaine, suivant laquelle *chacun doit connaître la condition de ceux avec lesquels il contracte.* Mais, par une exception peut-être unique, *l'incapacité qui résulte pour la femme de l'adoption du régime dotal, est dérobée à la connaissance du public.* Et cependant elle a des effets très-notables : car, d'après les textes formels du Code civil, le régime dotal emporte l'inaliénabilité de l'immeuble constitué en dot, ce que la jurisprudence a étendu à la dot mobilière. La femme dotale ne peut donc, sauf dans des cas exceptionnels, aliéner directement ni indirectement aucune partie de sa dot. En sorte que, si elle s'est constitué en dot tous ses biens indistinctement, elle se trouve placée, durant le mariage, dans une sorte d'incapacité exceptionnelle, ne pouvant plus, comme sous les autres régimes, s'engager valablement avec l'autorisation ou avec le concours de son mari : le créancier, dans ce dernier cas, aurait seulement action sur les biens que la femme pourrait acquérir *après* la dissolution de son mariage. Partant de ces principes, la jurisprudence est arrivée, de déductions en déductions, aux conséquences les plus rigoureuses pour les tiers, dans le but, très-louable sans doute, de veiller à la conservation des dots. *Comment s'établit*, en définitive, *cette incapacité extraordinaire qui distingue profondément le régime dotal de tous les autres régimes matrimoniaux? Par une simple convention notariée, dont l'existence est occulte,* que les époux peuvent révéler, si bon leur semble, mais qu'ils peuvent aussi tenir secrète, surtout s'ils habitent une grande ville, ou s'ils ont des affaires hors de leur domicile. Et comment les parties intéressées pourraient-elles découvrir ce contrat quand on veut le leur céler? On ne peut savoir s'il existe, ni où, puisqu'il a pu être passé dans une étude quelconque de notaire, peut-être loin du lieu où le mariage a été célébré. Nous l'avons déjà fait remarquer, le régime dotal peut affecter tous les biens de la femme, c'est-à-dire non-seulement le patrimoine qu'elle apporte en se mariant, mais encore *ses biens à venir*, ceux qui lui adviennent durant le mariage par succession ou par donation. Et comme elle n'a le droit d'aliéner sa dot par aucune voie, directe ou indirecte, il s'ensuit que, dans le cas de la stipulation générale de dot, toutes les obligations contractées par la femme se trouvent frappées d'une sorte de nullité. Qu'arrive-t-il dès lors dans la pratique des affaires? C'est que, si la femme veut s'obliger, aliéner, etc., les personnes, qui traitent avec elle, ne manquent pas de lui demander la représentation de son contrat de mariage. *Si le contrat est produit,* pas de difficulté : les parties intéressées peuvent alors s'éclairer sur la situation réelle des époux, sur les droits de la femme, et sur les restrictions que sa capacité peut subir à raison du régime matrimonial. Mais si, comme il arrive fréquemment, *les époux déclarent s'être mariés sans contrat,* on se trouve engagé dans des embarras de toute nature. Tout le monde sait aujourd'hui que souvent des tiers qui avaient ajouté foi à cette déclaration des époux, ont été victimes de leur confiance; car il est arrivé qu'après coup la femme ou ses héritiers ont produit le contrat dont ils avaient nié l'existence, et en ont tiré parti pour faire annuler l'obligation souscrite ou l'aliénation consentie. En pareil cas, le résultat était inévitable, et les magistrats étaient obligés de le proclamer. Autrement, la femme mariée sous le régime dotal eût été maîtresse de renoncer au bénéfice de ce régime, en déclarant dans ses actes qu'elle était mariée sans contrat, ce qui serait une violation des principes élémentaires du droit. Mais, en réalité, on ne peut nier que cet état de choses ne répugne à l'équité et à la morale publique, puisque des personnes qui ont contracté de bonne foi, et sur une déclaration qu'elles ne pouvaient contrôler, se trouvent dépouillées de valeurs fournies par elles à titre de prêt ou d'achat, absolument comme si elles les avaient confiées à des mineurs ou à des interdits. Ainsi, lorsqu'on ajoute foi à la déclaration qui est faite de la non-existence d'un contrat de mariage, on consent, par là même, à courir une chance de perte : car cette déclaration peut être fausse, et, dans ce cas, tout le patrimoine dotal de la femme échappe au créancier. Que conclure de là ? C'est que, si on n'a pas une connaissance personnelle et certaine de la moralité des époux, il y aura imprudence à les croire sur parole. Des faits trop nombreux montrent quels fâcheux résultats cette imprudence peut entraîner. Le secret de ces sortes de fraudes étant divulgué, les notaires une fois avertis par les mésaventures survenues à leurs clients, une défiance générale s'est élevée contre les déclarations de non-existence des contrats de mariage ; on a cessé d'y ajouter foi, et, dès lors, assez généralement, lorsque les époux ne peuvent justifier d'un contrat de mariage, pour éviter tout danger, on refuse de traiter avec eux, ou, du moins, on ne le fait qu'en exigeant des cautions ou d'autres garanties onéreuses. Il en résulte que des époux, qui réellement sont mariés sans contrat, n'ont aucun moyen d'établir ce fait si important pour leurs intérêts, et sont réduits à l'affirmer sans preuve. De là, comme nous l'avons montré, une altération profonde de leur crédit, et, par suite, un empêchement journalier à la conclusion des affaires. Depuis longtemps, des plaintes se sont élevées contre cet état de choses ; on a cherché les moyens d'y remédier... »

Le remède, proposé par le savant rapporteur de la commission et converti en loi à la date du 10 juillet 1850, consiste à imposer certaines obligations à la fois aux notaires, aux officiers de l'état civil, aux futurs conjoints et aux personnes qui autorisent le mariage, enfin aux procureurs de la République chargés de surveiller la rédaction des actes qui constatent l'état des citoyens. Toutes ces obligations, contenues aujourd'hui dans les nouveaux articles 75, 76 et 1394 *in fine* tendent à un but unique, l'organisation d'un système de publicité propre à éclairer les tiers sur le régime matrimonial des personnes mariées, en les prémunissant contre l'incapacité de la femme dotale, incapacité si redoutable dans ses conséquences pratiques : comparez les art. 1554 et suivants du Code civil ; voyez aussi la loi du 23 mars 1855 sur la transcription, art. 9. Puis, le nouvel article 1391 *in fine* édicte une sanction rigoureuse contre les époux qui contreviendraient aux nouveaux devoirs que la loi du 10 juillet 1850 leur impose.

PARTIE PREMIÈRE.

OBLIGATIONS IMPOSÉES PAR LA LOI DU 10 JUILLET 1850, AUX NOTAIRES.

20. — Les *obligations imposées aux notaires* sont formulées de la manière suivante par l'art. 1394 (addition l. 10 juillet 1850) : Le notaire « donnera lecture aux parties du dernier alinéa de l'art. 1391, ainsi que du dernier alinéa du présent article. Mention de cette lecture sera faite dans le contrat, à peine de dix francs d'amende contre le notaire contrevenant. — Le notaire délivrera aux parties, au moment de la signature du contrat, un certificat sur papier libre et sans frais, énonçant ses noms et lieu de résidence, les noms, prénoms, qualités et demeures des futurs époux, *ainsi que la date du contrat* (1). Ce certificat indiquera qu'il doit être remis à l'officier de l'état civil avant la célébration du mariage. »

---

(1) Cette mention de la *date du contrat* n'existait pas dans le projet primitif de la commission, tel qu'il avait été présenté à la suite du rapport de M. Valette. Elle fut insérée seulement lors de la discussion publique, dans la séance du mardi 2 juillet 1850 (*Moniteur* du mercredi 3 juillet), sur l'observation de M. Benoît-Champy : « Il y a, dit ce député, une omission évidente : car, dans l'art. 1394, la commission ne parle pas de la date du contrat ; elle dit : « Le notaire délivrera aux parties, au moment de la

21. — **M.** Rouher, ministre de la justice, dans sa circulaire aux procureurs généraux, en date du 13 novembre 1850, (D. P. 1850, 3, 79 et 80), précise de la manière suivante l'application pratique de notre art. 1394, complété par la loi du 10 juillet 1850 : «Monsieur le procureur général, le contrat de mariage est l'un des actes les plus importants de la vie civile ; il détermine le régime sous lequel les époux sont unis, et par cela même affecte plus ou moins leur capacité à l'égard des tiers. Aussi, depuis longtemps, a-t-on reconnu que l'incertitude sur l'existence de ce contrat peut faciliter la fraude ou faire naître des inquiétudes qui rendent plus difficiles et plus onéreuses les transactions relatives aux biens dont les femmes mariées sont propriétaires, et les engagements que celles-ci peuvent dès lors contracter. — Il importait, dans l'intérêt du crédit privé, source du crédit public, de faire cesser ces incertitudes. Tel est l'objet de la loi votée par l'Assemblée nationale le 17 juin et les 2 et 10 juillet 1850. — Cette loi, par des dispositions additionnelles aux art. 75, 76, 1391 et 1394 du Code civil, impose aux officiers de l'état civil et aux notaires des obligations sur lesquelles il m'a paru convenable d'appeler votre attention et celle de vos substituts. — Afin de suivre l'ordre des faits, je m'occuperai d'abord des *notaires*. Chaque fois qu'un notaire sera chargé de la rédaction d'un contrat de mariage, il devra donner lecture aux parties du nouvel art. 1391 du Code civil, ainsi que du dernier alinéa de l'art. 1394 ; il fera mention de cette lecture dans le contrat, à peine de 10 fr. d'amende ; de plus, il délivrera, au moment de la signature, un certificat sur papier libre, et sans frais, énonçant ses noms et lieu de résidence, les noms, prénoms, qualités et demeures des futurs époux, ainsi que la date du contrat. Le certificat indiquera, en outre, qu'il doit être remis à l'officier de l'état civil avant la célébration du mariage. Ces formalités devront être remplies pour tous les contrats de mariage, quelle que soit la profession des parties ; mais le notaire

---

signature du contrat, un certificat sur papier libre et sans frais, énonçant les nom et lieu de résidence, les noms, prénoms, qualités et demeures des futurs époux. » Il faudrait ajouter : « *Et la date du contrat.* » — *M. le rapporteur Valette* : Oui, d'accord ! — *M. le président* : C'est entendu ainsi par tout le monde. (L'article, avec cette addition, est adopté.)

devra, en outre, continuer à se conformer exactement aux art. 67 et 68 Code com., lorsqu'un des époux sera commerçant. »

22.— Il résulte de l'art. 1394, ainsi expliqué lors de la discussion et dans la circulaire ministérielle, que les notaires sont soumis à une triple obligation : 1° ils doivent avertir les futurs époux des conséquences graves qui résulteraient pour eux d'une fausse déclaration faite ultérieurement devant l'officier de l'état civil, et cela en leur donnant lecture du dernier alinéa de l'art. 1394 et aussi de la dernière partie de l'art. 1391, lequel édicte une sanction fort rigoureuse que nous indiquerons bientôt ; 2° ils doivent mentionner dans le contrat de mariage l'accomplissement de cette formalité de lecture, à peine de 10 fr. d'amende ; 3° pour faciliter aux parties les déclarations exigées par la nouvelle loi, les notaires doivent leur remettre un certificat sur papier libre et sans frais contenant certaines indications essentielles qui formeront tout à l'heure l'objet de notre examen. Nous allons étudier successivement ces différentes obligations légales.

23. — *a. La lecture*, que le notaire doit faire aux parties du dernier alinéa des art. 1394 et 1391 a un double objet : d'une part, avertir les futurs époux des déclarations à faire et du certificat à remettre à l'officier de l'état civil, sur la demande de celui-ci (art. 75, al. 2); d'autre part, les prévenir de la sanction grave qu'ils encourraient en cas de dissimulation et de réticence : car, si l'acte de célébration de mariage porte que les époux se sont mariés sans contrat, la femme sera réputée, à l'égard des tiers, capable de contracter dans les termes du droit commun, sans pouvoir invoquer l'inaliénabilité exceptionnelle dérivant du régime dotal. Le seul moyen pour la femme d'éviter cette déchéance serait, au cours du mariage, et dans l'acte même constatant un engagement pris par elle, de rectifier les allégations fausses faites à l'origine, en prévenant spécialement le tiers, avec lequel elle contracte, de l'existence, jusque-là dissimulée, d'un contrat de mariage.

24. — *b.* Le notaire doit faire *mention de cette double lecture* dans le contrat de mariage, à peine de 10 fr. d'amende. Cette formalité a pour but d'assurer l'observation de la nouvelle loi, d'éviter les omissions volontaires ou involontaires, et de

fournir la preuve irrécusable de l'avertissement officie.
adressé aux parties.

25. — *c*. Enfin, pour que les futurs époux soient absolument inexcusables en cas de déclaration incomplète ou
inexacte, ou encore et surtout en cas d'absence de déclaration, le notaire doit leur délivrer, au moment de la signature
du contrat de mariage, un certificat sur papier libre et sans
frais contenant les quatre renseignements suivants : 1° les
noms et lieu de résidence du notaire rédacteur du contrat
de mariage; 2° la date de ce contrat ; 3° les noms, prénoms,
qualités et demeures des futurs époux; 4° ce certificat indiquera enfin qu'il doit être remis à l'officier de l'état civil
avant la célébration du mariage. Il y a plus : l'art. 75, al. 2
(addition de la loi du 10 juillet 1850), oblige l'officier de l'état
civil à *interpeller* les futurs époux, pour le cas où ils auraient
oublié ou mal compris les instructions du notaire. Grâce à
ce luxe de précautions, la personne la moins lettrée et la
plus ignorante peut cependant facilement, connaître d'abord,
exécuter ensuite les dispositions édictées par la nouvelle
loi.

26. — Les formalités imposées aux notaires par l'art. 1394,
al. 2 et 3, doivent être remplies pour tous les contrats de mariage sans exception, même pour ceux qui seraient passés
entre des commerçants, les deux époux en même temps, ou
l'un d'eux seulement se livrant au négoce. Seulement, dans
ce dernier cas, les formalités prescrites par les art. 67 et suivants du Code de commerce devront en outre être scru-
puleusement observées. La jurisprudence et la doctrine sont
unanimes sur ce point.

27. — Mais une question assez délicate a été soulevée dans
la pratique, à propos des changements et des actes additionnels au contrat de mariage, qui sont valables, faits avant la
célébration de l'union civile, pourvu qu'ils soient rédigés
devant notaires, dans la même forme que le contrat primitif,
en la présence et avec le consentement simultané de toutes
les personnes qui y avaient été parties, et qu'ils soient d'ailleurs, dans l'intérêt des tiers, transcrits à la suite de la minute du contrat de mariage (art. 1395 à 1397). Il s'agit de savoir si le notaire, rédacteur de contre-lettres ou d'actes modificatifs d'un contrat de mariage, sous peine d'encourir

l'amende édictée par l'art. 1394 (addition de la loi du 10 juillet
1850), doit, à propos de chacun des actes modificatifs qu'il
peut être appelé à recevoir, *renouveler* les lecture, mention
et certificat que prescrit la nouvelle loi.

27 *bis*. — Un premier système, consacré par deux arrêts de
la cour de Paris, le 12 janvier 1856 (D. P., 56, 2, 57 et 58), consiste à décider que les formalités, prescrites par l'art. 1394,
doivent effectivement être renouvelées à propos de chacun
des changements au contrat de mariage, qui pourraient être
sollicités par les futurs époux, et constatés par le notaire
avant la célébration de l'union civile. La cour se fonde d'a-
bord sur les textes, ensuite sur certaines considérations pratiques :

1° Argument de textes : l'art. 1394, pris dans ses termes
formels, s'applique à *toutes les conventions matrimoniales* qui
peuvent se former entre les futurs époux : or, les changements et les actes additionnels, réglementés par les art. 1395
à 1397, sont, eux aussi, de véritables conventions matrimoniales : donc, chaque fois qu'un acte de ce genre est dressé,
le notaire doit renouveler l'accomplissement des formalités
prescrites par l'art. 1394 modifié ; car, en fait de formalités,
toutes les règles sont de rigueur, et il n'est pas permis de
distinguer là où la loi elle-même n'a introduit aucune distinction.

2° Au point de vue pratique, un intervalle de temps assez
long a pu s'écouler entre le contrat de mariage originaire et
la rédaction de la contre-lettre, en telle sorte que les futurs
époux aient oublié la première lecture qui leur a été faite et
les recommandations qui l'avaient accompagnée. Il est donc
utile de réitérer les formalités.

3° Enfin, les deux actes, le contrat primitif et l'acte additionnel, sont, en réalité, distincts sous le double point de vue
de leur date et de leur confection. Cela est si vrai que
l'art. 1396 exige que, pour la contre-lettre, les formalités qui
avaient accompagné le premier contrat soient recommencées. *Toutes* doivent, dès lors, être recommencées, non-seulement celles prescrites pour la *validité intrinsèque* du contrat
de mariage, mais aussi celles tracées par la loi du 10 juillet
1850, pour en assurer la *publicité* et la *révélation officielle*
dans l'intérêt des tiers.

27 *ter*. — Nous pensons, au contraire, que la lecture prescrite aux notaires et les autres formalités requises par l'article 1394 ne sont pas applicables aux contre-lettres ou actes modificatifs d'un contrat de mariage; le vœu de la loi est rempli, par cela seul que les formalités ont été accomplies lors de la rédaction du contrat de mariage lui-même, sans qu'il soit nécessaire de les réitérer lors de la rédaction de simples actes additionnels :

1° Le but que s'est proposé en 1850 le législateur n'a point été de révéler aux tiers, qui traiteraient plus tard avec les époux, le détail des conventions matrimoniales de ceux-ci, ni même le régime général par eux adopté; l'objet unique de la loi nouvelle est de faire connaître à l'officier de l'état civil, pour qu'il l'énonce dans l'acte de célébration de l'union conjugale; l'*existence d'un contrat* pécuniaire *de mariage*, sauf aux tiers à s'en faire plus tard délivrer des expéditions par le notaire rédacteur, s'ils ont besoin de connaître exactement la capacité contractuelle des époux. Or, l'accomplissement des formalités prescrites par l'art. 1394 suffit parfaitement à atteindre ce but, lorsque cet accomplissement a eu lieu au moment de la rédaction du contrat originaire. Donc, la réitération des formalités à propos de chaque contre-lettre ultérieure ne doit pas avoir lieu; car la loi du 10 juillet 1850, dans la partie ajoutée à l'art. 1394, ne parle que du contrat de mariage, et non de l'acte contenant simplement des additions ou des modifications au contrat; et il est de principe que les pénalités établies pour une contravention ne doivent jamais être étendues d'un cas à un autre, quelque frappante que puisse être l'analogie des situations.

2° Les contre-lettres à un contrat de mariage ne constituent pas d'ailleurs par elles-mêmes un acte distinct et isolé; elles se relient, au contraire, intimement au contrat primitif dont elles sont une annexe, une dépendance inséparable, un chapitre, en quelque sorte : cela est si vrai que l'art. 1397 en exige la transcription immédiate à la suite de la minute du contrat originaire de mariage : dès lors, si le notaire rédacteur a, dans le contrat principal, satisfait aux prescriptions des deux alinéas ajoutés à l'art. 1394 du Code civil par la loi du 10 juillet 1850, il ne doit pas être obligé, sous peine d'amende, de remplir la même formalité dans les contre-lettres qui ont pu suivre; ce serait là une superfétation inutile.

3° Enfin, les tiers, en vue desquels précisément sont faites les diverses mentions prescrites par la loi du juillet 1850, n'ont aucun intérêt à leur réitération, lors de la rédaction d'une ou plusieurs contre-lettres subséquentes : car ils n'ont besoin que de connaître l'*existence matérielle du contrat*, puisque sa représentation, en minute ou expédition, entraîne forcément, par application de l'art. 1397 du Code civil, la reconnaissance et la proclamation de toutes les énonciations, de toutes les parties dont la réunion compose et complète ce contrat de mariage, quand même elles auraient été rédigées à des époques différentes. Imposer aux notaires la réitération des formalités légales, à propos du moindre changement apporté à un contrat de mariage, ce serait d'abord créer une obligation qui n'est pas dans la loi; ce serait ensuite créer une complication de formalités, dont nous n'apercevons ni l'utilité ni la raison d'être.

C'est, du reste, en ce sens que s'est prononcée la chambre des requêtes de la Cour de cassation, à la date du 18 mars 1857, en rejetant le pourvoi formé par le procureur général de Caen contre un arrêt de cette dernière cour d'appel : on consultera avec fruit l'excellent rapport de M. le conseiller Hardouin (Dev. 1857, 1, 251 à 254), et la note de M. Dalloz (D. P. 1857, 1, 210 à 213).

PARTIE DEUXIÈME.

OBLIGATIONS IMPOSÉES PAR LA LOI DU 10 JUILLET 1850 AUX OFFICIERS DE L'ÉTAT CIVIL.

28. — Les *obligations imposées aux officiers de l'état civil* sont contenues dans l'art. 75 (addition de la loi du 10 juillet 1850) : l'officier de l'état civil « *interpellera* les futurs époux, ainsi que les personnes qui *autorisent* (1) le mariage, si elles

____

(1) La discussion s'est élevée, à l'Assemblée nationale législative, dans la séance du mardi 2 juillet 1850, à propos de l'art. 75 modifié par la nouvelle loi, dans les termes suivants : « M. GAVINI : Je demande (sur l'art. 75) qu'on substitue aux mots : *les personnes qui autorisent le mariage*, ceux-ci :

sont présentes, d'avoir à déclarer s'il a été fait un contrat de mariage, et, dans le cas de l'affirmative, la date de ce contrat, ainsi que les noms et lieu de résidence du notaire qui l'aura reçu. » — L'art. 76, complété par la nouvelle loi, ajoute : « On énoncera dans l'acte de mariage... la déclaration faite sur l'interpellation prescrite par l'article précédent, qu'il a été ou qu'il n'a pas été fait de contrat de mariage, et, autant que possible, la date du contrat, s'il existe, ainsi que les noms et lieu de résidence du notaire qui l'aura reçu ; le tout à peine, contre l'officier de l'état civil, de l'amende fixée par l'art. 50. »

29. — M. Rouher, dans sa circulaire aux procureurs généraux, en date du 13 novembre 1850 (D. P., 1850, 3, 79), commente ces deux dispositions de la manière suivante : « Quant à l'officier de l'état civil, lorsque les futurs époux se présenteront devant lui, il les interpellera, ainsi que les personnes qui autoriseront le mariage, si elles sont présentes, d'avoir à déclarer s'il a été fait un contrat de mariage, et, dans le cas de l'affirmative, la date de ce contrat, ainsi que les noms et lieu de résidence du notaire qui l'aura reçu. Tous ces renseignements devront d'abord se trouver énoncés dans le certificat délivré par le notaire, certificat que les parties produiront ordinairement, et que l'officier de l'état civil devra réclamer, si l'on omettait de le lui représenter. — La déclaration qu'il a été ou qu'il n'a pas été fait de contrat de mariage,

---

les personnes dont le consentement est requis pour autoriser le mariage. — M. VALETTE, *rapporteur.* Mais il n'y a que les personnes dont le consentement est requis qui autorisent le mariage. — M. LE PRÉSIDENT. Il y a dans le paragraphe de la commission les mots : « les personnes qui autorisent le mariage. » M. Gavini propose de dire : « les personnes dont le consentement est requis pour autoriser le mariage. » — M. GAVINI. Il me semble que cette locution est meilleure ; elle se reproduit, d'ailleurs, maintes fois dans le Code civil. — M. LE RAPPORTEUR. La correction n'a aucune espèce d'importance ; car les personnes qui autorisent le mariage sont les personnes que la loi appelle à donner leur consentement ou leur autorisation au mariage ; quelquefois c'est le conseil de famille ; il est alors représenté par un mandataire qui donne l'autorisation au mariage. Nous ne trouvons aucun avantage à la correction. — M. GAVINI. Je n'insiste pas. — M. LE PRÉSIDENT. Je mets l'article aux voix tel qu'il est rédigé par la commission. (L'article de la commission est adopté.)

et tous les renseignements relatifs au contrat, s'il y en a, devront être énoncés dans l'acte de mariage à la suite des autres énonciations déjà prescrites par l'art. 76 du Code civil. Les officiers de l'état civil auront à se conformer avec d'autant plus d'exactitude à cette prescription, que toute contravention les rendrait passibles de l'amende déterminée par l'art. 50 Code civ. Il importera de faire remarquer à ces fonctionnaires, afin de prévenir de fâcheuses difficultés, que la loi ne les charge d'interpeller les personnes *qui autorisent le mariage* qu'autant qu'elles sont présentes, et que, par conséquent, à l'égard de celles qui ne paraîtront pas et qui auront donné leur consentement par écrit, ils devront passer outre, sans exiger des déclarations dont l'obtention entraînerait d'inutiles retards. »

30. — De ce qui précède il résulte que les obligations, imposées par la nouvelle loi à l'officier de l'état civil, sont au nombre de deux : 1° il doit faire une certaine interpellation ; 2° il doit énoncer, dans l'acte de mariage, la réponse par lui obtenue sur cette interpellation.

31. — *a. L'interpellation* doit être étudiée au double point de vue des personnes auxquelles l'interrogation doit être faite, et de l'objet même de cette interrogation.

32. — D'abord, *à quelles personnes* l'officier de l'état civil doit-il adresser *l'interpellation* prescrite par l'art. 75 (addit. de la loi du 10 juillet 1850) ? — Il doit interpeller, avant tout, les futurs époux : ceux-ci, en effet, sont les premiers intéressés et doivent d'ailleurs, d'après l'art. 1394, dernier alinéa, remettre à l'officier de l'état civil, avant la célébration de leur mariage, le certificat détaillé que leur a donné le notaire.

33. — L'officier de l'état civil doit aussi interpeller, du moins si elles sont présentes, les personnes qui autorisent le mariage. Il n'y a pas lieu de distinguer, à ce point de vue, si les futurs époux sont majeurs (art. 388), ou s'ils se trouvent encore en état de minorité. M. Valette l'a déclaré formellement, dans son savant rapport à l'Assemblée nationale : « L'interpellation devra *toujours* être adressée aux personnes qui *autorisent* le mariage, et non pas seulement lorsque les futurs époux sont mineurs. On sait en effet que le fils majeur,

qui n'a pas encore atteint l'âge de vingt-cinq ans, ne peut contracter mariage sans l'autorisation de ses père et mère ou de ses autres ascendants: L'interpellation faite aux ascendants peut être utile dans certains cas, et l'on ne voit pas en quoi elle pourrait jamais nuire. Cet amendement avait déjà été indiqué ans le rapport de la commission d'initiative parlementaire. »

34. — L'interpellation, en tant qu'elle s'adresse aux futurs époux, est de rigueur, et elle peut toujours être faite, puisque les parties comparaissent nécessairement en personne devant l'officier de l'état civil, nos lois modernes n'admettant plus que l'on puisse se marier par procureur. Quant aux *personnes qui autorisent* le mariage, elles ne seront interrogées qu'autant que leur présence effective rendra l'interpellation possible. Cela a été parfaitement entendu lors de la discussion, et le texte de l'art. 75 conduit directement à cette solution, affirmée d'ailleurs par M. le ministre de la justice dans la circulaire rapportée plus haut, n° 29 *in fine*. Cette règle est d'ailleurs à la fois rationnelle et conforme à l'intérêt des futurs époux ; elle ne peut, en aucune occasion, entraîner une lésion quelconque pour les tiers.

35. — L'*interpellation*, prescrite par l'art. 75 (addit. de la loi du 10 juillet 1850), *considérée* maintenant *dans son objet* (1), doit porter sur l'énumération suivante : l'officier de l'état civil doit demander : 1° s'il a été fait un contrat de mariage ; ses investigations ne doivent pas être dirigées plus loin : il n'a pas à s'inquiéter de la *nature du régime matrimonial* qui a été adopté, ni des diverses stipulations qui ont pu, au gré des parties, être insérées dans l'acte notarié : l'*officier de l'état civil ne doit se préoccuper que du fait de l'existence ou de l'inexis-*

---

(1) L'ordre naturel des idées, dit M. Valette, est « de s'occuper d'abord de l'interpellation que l'officier de l'état civil doit faire et de la déclaration qu'il doit recevoir, pour arriver ensuite aux énonciations de l'acte. Nous avons donc intercalé, dans l'art. 75 du Code civil, une phrase qui prescrit à l'officier de l'état civil une interpellation tendant à faire déclarer par les époux s'il existe ou s'il n'existe pas de contrat de mariage, et, dans le cas de l'affirmative, la date du contrat, ainsi que les noms et lieu de résidence du notaire. »

tence d'un contrat de mariage : si plus tard des tiers ont besoin d'en connaître le contenu, ils s'adresseront au notaire rédacteur, et ils solliciteront, soit la communication officieuse de la minute, soit plutôt la délivrance d'une expédition du contrat qui appelle leur attention. Ceci nous amène, par une transition toute naturelle, à préciser quelles interrogations nouvelles l'officier de l'état civil doit adresser aux futurs époux, et généralement aussi, aux personnes qui autorisent l'union conjugale projetée, dans le cas où l'existence d'un contrat notarié de mariage est affirmée. Alors, à l'interpellation précédente, qui portait, nous l'avons dit, sur la question d'existence ou d'inexistence d'un contrat, l'officier de l'état civil doit ajouter deux autres demandes. Il doit, 2° faire préciser la date du contrat ; 3° solliciter l'indication des noms et lieu de résidence du notaire qui a reçu l'acte. Ces nouvelles énonciations sont destinées à faciliter plus tard les recherches, soit de la part des tiers, soit de la part du notaire ou de celui de ses successeurs, chez lequel des parties intéressées pourraient éventuellement se présenter pour obtenir communication du contrat de mariage. Dans la pratique, ces diverses formalités sont singulièrement facilitées par la remise immédiate, entre les mains de l'officier de l'état civil, du certificat détaillé délivré aux parties par le notaire, en conformité de l'art. 1394 *in fine.*

36. — *b.* L'interpellation prescrite par l'art. 75 nouveau une fois faite, l'officier de l'état civil doit recueillir la réponse des parties et mentionner, aux termes de l'art. 76 *in fine,* dans l'acte de mariage : 1° s'il a été fait ou s'il n'a pas été fait de contrat pécuniaire de mariage ; 2° lorsque l'existence d'un contrat de mariage lui a été attestée, l'officier de l'état civil doit indiquer, *autant que possible,* la date du contrat ; 3° il doit en outre indiquer, également autant que possible, les noms et lieu de résidence du notaire qui aura reçu l'acte.

37. — Il résulte manifestement du texte de l'art. 76 *in fine* une différence profonde entre la première indication et les deux dernières énonciations que nous venons d'énumérer. S'agit-il de l'affirmation portant sur le point de savoir s'il a été fait ou s'il n'a pas été fait un contrat de mariage ? Une abstention de l'officier de l'état civil serait toujours coupable :

la loi de 1850 n'admet pas que l'acte de célébration d'une union civile puisse être impunément muet à cet endroit. Toute omission de ce genre engagerait gravement la responsabilité de l'officier de l'état civil (art. 50 et 1382 combinés). S'agit-il, au contraire, de l'énonciation, soit de la date du contrat dont l'existence a été affirmée, soit des noms et lieu de résidence du notaire rédacteur, l'art. 76 *in fine* n'est plus aussi affirmatif : il se contente de dire que ces déclarations devront être faites « *autant que possible*. » Ces mots, nous dit M. Valette, ont été ajoutés, « afin d'écarter l'idée qu'une omission ou une erreur seulement sur la date du contrat, ou sur les noms et lieu de résidence du notaire, puisse préjudicier à la femme. Que voulons-nous obtenir? C'est que les tiers sachent à coup sûr s'il existe un contrat de mariage. C'est à eux ensuite à en demander la communication aux époux, lorsqu'ils en auront besoin pour s'éclairer. Mais cependant, AUTANT QUE POSSIBLE, comme le dit notre nouvel art. 76, l'officier de l'état civil devra indiquer les noms et lieu de résidence du notaire et même la date du contrat. Ces désignations seront d'un très-grand secours dans la pratique; elles aideront à retrouver, même après un laps de temps considérable, des contrats de mariage indispensables pour les comptes, liquidations, règlements de droits, etc., et dont aujourd'hui l'on ne peut quelquefois plus retrouver la trace. Les registres de l'état civil deviendront, à cet égard, de véritables répertoires que l'on s'empressera de consulter. »

38. — Telle est l'étendue des obligations imposées aux officiers de l'état civil en ce qui concerne la révélation officielle et publique des contrats de mariage, conformément à la nouvelle loi du 10 juillet 1850. Mais il faut prévoir le cas où les formalités protectrices édictées par cette loi n'auraient pas été observées, et apprécier les conséquences de cette inobservation. Trois combinaisons pratiques peuvent se présenter : 1° il peut arriver que l'officier de l'état civil ait *oublié* d'interpeller les futurs époux et de consigner leur déclaration dans l'acte de célébration de l'union civile, conformément aux art. 75 et 76; il peut arriver encore que l'officier de l'état civil, après avoir interpellé les futurs époux, ait introduit sciemment, dans l'acte de mariage, des déclarations fausses et contraires aux attestations qui avaient été produites devant

lui; 3° enfin, il peut arriver que l'officier de l'état civil ait, par simple négligence et par inadvertance, inséré, dans l'acte de mariage, des énonciations inexactes, incomplètes ou erronées.

39. — Supposons d'abord que l'officier de l'état civil ait oublié d'interpeller les futurs époux conformément à l'art. 75, et de faire les déclarations prescrites par l'art. 76 *in fine* (addit. de la loi du 10 juillet 1850). Les tiers, trouvant dans l'acte de célébration du mariage une lacune illégale, devront, pour sauvegarder leurs intérêts, refuser, quant à présent, de traiter avec les époux. Ceux-ci pourront toujours faire rectifier l'acte de célébration conformément à l'art. 99 ; ils pourront également, dans l'acte qui contiendra l'engagement spécial passé avec le tiers, au cours du mariage, lui déclarer, conformément à l'art. 1391 *in fine*, qu'ils ont fait un contrat pécuniaire de mariage, si, en effet, une convention de ce genre a été passée. Quant à l'officier de l'état civil, il sera passible de l'amende fixée par l'art. 50 : mais nous n'admettrons pas qu'il puisse être éventuellement condamné, par application de l'art. 1382, à des dommages et intérêts envers les tiers lésés ; car ces tiers sont en faute de n'avoir pas remarqué la lacune de l'acte : ils étaient suffisamment avertis et tenus en garde contre la fraude, puisqu'ils se trouvaient en présence d'un acte de célébration tronqué, dont les défauts matériels devaient les frapper : *Jura vigilantibus succurrunt*.

40. — La seconde hypothèse pratique, par nous indiquée plus haut n° 38, se présentera fort rarement. Il est difficile, en effet, de croire qu'un officier de l'état civil puisse jamais être tenté de constater frauduleusement que les époux *sont mariés sans contrat*, lorsqu'ils lui auront d'ailleurs déclaré l'existence d'un contrat avec indication des noms et du lieu de résidence de leur notaire. En tout cas, l'officier de l'état civil, qui alors se serait rendu coupable de faux en écritures publiques, pourrait être poursuivi conformément aux art. 52 Code civil, 145 à 148 Code pén., 448 et suiv. Code d'inst. crim. ; de plus il encourrait l'amende édictée par l'art. 50 Code civ. Enfin, il serait exposé à l'action en dommages-intérêts des époux lésés, ou même, le cas échéant, des tiers, qui se prévaudraient des principes généraux édictés,

en matière de responsabilité, par les art. 1382 et 1383
Code civ.

41. — Si maintenant nous nous plaçons dans la troisième
hypothèse (voy. *supra*, n° 38), celle où l'officier de l'état civil
aurait, par simple inadvertance, introduit dans l'acte de mariage des énonciations inexactes, incomplètes ou erronées,
nous voyons l'art. 76 *in fine* admettre la rectification de l'acte,
soit sur la demande du procureur de la République, soit à la
requête des parties intéressées, conformément à l'art. 99.
De plus, l'officier de l'état civil encourrait l'amende fixée
par l'art. 50, et il pourrait même, toujours par application
des art. 1382 et 1383, être éventuellement condamné à
payer aux personnes lésées, tantôt les époux, tantôt les
tiers, des dommages-intérêts, calculés d'après l'estimation
du préjudice causé par les erreurs ou les omissions commises.

42. — Ainsi qu'on peut le voir, la loi du 10 juillet 1850
protége suffisamment les époux et les tiers, et l'objection non
de principe, mais de pratique, qui pouvait être tirée de l'inex-
périence de quelques officiers de l'état civil disparaît complétement. Que redoute-t-on ? dit M. Valette dans son excellent rapport : on craint que les officiers de l'état civil « ne
négligent d'adresser aux futurs époux les interpellations
nécessaires, ou de reproduire exactement leurs déclarations.
Ainsi, dit-on, l'ignorance, l'oubli, la distraction d'un maire
ou d'un commis de mairie, vont compromettre le patrimoine
de la femme et de ses enfants. Mais cette crainte est-elle bien
fondée? Nous ne le croyons pas; toutes les précautions nous
paraissent être prises pour rendre ce résultat, sinon impossible, du moins fort improbable. D'abord le certificat qui, aux
termes du projet (nouvel art. 1394), est délivré aux futurs
époux par le notaire, pour être remis à l'officier de l'état civil,
avertira ce dernier et ne pourra manquer d'attirer toute son
attention. Il n'est guère croyable d'ailleurs que les futurs
époux négligent de lui remettre cette pièce : car chacun sait
quelle importance les personnes les plus illettrées attachent
aux papiers qui se rapportent à leurs intérêts et à leurs
affaires. Ajoutons que l'administration, dans les nouveaux
modèles d'actes qu'elle ne manquera pas de délivrer aux

F.   3

officiers de l'état civil, fera figurer la mention relative à.l'existence des contrats de mariage. Or le rédacteur d'un acte est tout naturellement entraîné à suivre et à remplir dans toutes ses parties la formule qu'il a sous les yeux. Enfin, messieurs, votre commission, pour satisfaire, autant que possible, à tous les scrupules, a maintenu à la clause matrimoniale ses effets ordinaires dans le cas où l'acte de cé.ébration est, non pas *mensonger*, mais seulement *muet* sur la question de l'existence du contrat de mariage. Elle a pensé que les tiers sèraient suffisamment avertis et tenus en garde contre la fraude, lorsqu'ils trouveraient un acte de célébration tronqué et présentant une lacune évidente. Quant aux époux avec lesquels, à raison de cette lacune, les tiers refuseraient de contracter, ils auront encore une ressource : ce sera de faire rectifier l'acte de célébration, conformément à l'art. 99 du Code civil. La même rectification pourra aussi, par suite d'une addition au projet, sur laquelle nous reviendrons plus bas, être demandée par le procureur de la République. Or, si l'on peut craindre que parfois l'officier de l'état civil n'oublie de faire la mention prescrite, peut-on croire que jamais il s'avise de constater que les époux sont *mariés sans contrat*, lorsqu'ils lui auront déclaré les noms et lieu de résidence de leur notaire ? D'ailleurs le certificat délivré par ce notaire ne doit-il pas, comme nous l'avons dit, éveiller l'attention et surtout mettre obstacle à une énonciation qui contredirait formellement l'existence du contrat de mariage ? Or, nous venons de le voir, d'après le projet tel que la commission l'a amendé, il faut supposer une énonciation fausse et mensongère dans l'acte, et non pas une simple omission, pour que les intérêts de la femme soient compromis, ce qu'elle peut d'ailleurs toujours éviter, en déclarant plus tard, dans son engagement, qu'elle a fait un contrat de mariage. » Nous allons maintenant nous occuper, dans une troisième partie, des obligations imposées par la nouvelle loi aux futurs époux et aux personnes qui autorisent le mariage.

PARTIE TROISIÈME

OBLIGATIONS IMPOSÉES PAR LA LOI DU 10 JUILLET 1850 AUX FUTURS
ÉPOUX ET AUX PERSONNES QUI AUTORISENT LE MARIAGE.

43. — La loi du 10 juillet 1850 ne contient, sur cette partie de notre sujet, aucune disposition spéciale. Toutefois, en combinant entre eux les divers articles qui composent cette loi, l'on arrive à reconnaître aux futurs époux, d'une part une obligation, d'autre part un certain droit.

44. — I. L'*obligation* consiste à répondre loyalement à l'interpellation de l'officier de l'état civil (art. 75, al. 2), en lui remettant le certificat délivré par le notaire rédacteur du contrat de mariage, conformément à l'art. 1394 *in fine*. Ce devoir incombe non-seulement aux époux eux-mêmes, mais encore aux personnes qui autorisent le mariage.

45. — Mais, que faudrait-il décider si l'officier de l'état civil omettait d'interpeller les futurs époux? Ceux-ci sont ils obligés de prendre les devants et de faire, sans y être provoqués, la déclaration de l'existence d'un contrat de mariage, avec l'indication de la date de ce contrat et des noms et lieu de résidence du notaire rédacteur de l'acte? Nous reconnaissons volontiers que les époux feront sagement et honnêtement en agissant ainsi. Mais nous ne voyons nulle part, dans la loi du 10 juillet 1850, la trace d'une *obligation légale* et rigoureuse en ce sens. Nous voyons, au contraire, l'art. 1391 *in fine* n'appliquer la sanction qu'au cas où l'acte de célébration du mariage porterait que les époux se sont mariés sans contrat. Mais si l'acte de célébration est muet à raison de l'omission de l'officier de l'état civil qui n'aurait pas interrogé les parties, les époux n'encourent aucune peine : la seule conséquence d'une semblable irrégularité serait de faire encourir une amende, dans les termes de l'art. 50, à l'officier de l'état civil. M. Valette s'est, du reste, expliqué, sur ce point, dans le passage suivant de son rapport : « Lorsque l'acte de célébration ne dit rien du contrat pécuniaire de mariage, il présente, au premier coup d'œil, une irrégularité grave qui sert d'avertissement aux tiers, et doit les empêcher de s'engager plus avant. Et si, à cause de cette irrégularité, les époux sont gê-

nés dans leurs transactions, rien ne les empêche de régulariser leur position en faisant rectifier leur acte de mariage. On le voit donc, une simple omission de l'officier de l'état civil ne pourra jamais compromettre les droits de la femme. »

46. — II. *Le droit,* qui est conféré aux futurs époux, consiste à pouvoir faire rectifier l'acte de célébration du mariage pour cause d'omission ou d'erreur, d'après l'art. 76 *in fine* ainsi conçu : « Dans le cas où la déclaration aurait été omise ou serait erronée, la rectification de l'acte, en ce qui touche l'omission ou l'erreur, pourra être demandée par le procureur de la République (1), sans préjudice du droit des parties intéressées, conformément à l'art. 99. » Or, les futurs époux sont au premier rang, parmi les personnes intéressées à la réparation de l'erreur. Nous pensons également que l'on doit ranger au nombre des parties intéressées à la mention du

(1) M. Gavini proposa, lors de la discussion, d'ajouter à la suite de ces mots, « la rectification pourra être demandée par le procureur de la République, » cette mention **« aux frais des parties qui y auront donné lieu. »** Voici pourquoi je voudrais intercaler ces expressions, dit l'honorable député : « La rectification est nécessitée par la fausse déclaration des époux, qui, en se présentant devant l'officier de l'état civil, après avoir rédigé leurs conventions matrimoniales devant notaire, déclarent qu'ils n'en ont pas fait. A la suite de cette déclaration mensongère, le procureur de la République est autorisé par l'article à faire rectifier l'erreur; les frais de procédure, s'il y en a, devraient, selon moi, être mis à la charge de la partie qui y a donné lieu. — M. LE RAPPORTEUR. La rectification de l'acte qui est demandée par le procureur de la République se fait sans frais, aux termes du décret en vigueur, du décret de 1811. Il n'y a pas utilité d'établir ce recouvrement de frais contre les parties qui ont nécessité la rectification de l'erreur. Cela se fait sans frais, sur la demande du procureur de la République.—M. GAVINI. Cela se fait sans frais, quand c'est à la requête du procureur de la République et pour des indigents ; mais lorsque cette rectification devient nécessaire par la faute des parties, il serait juste de leur en faire subir les conséquences. — M. LE RAPPORTEUR. Citez-nous les frais. — M. GAVINI. Il y a la citation. Toutes les parties sont appelées en cause; il y a un jugement rendu; les registres de l'état civil sont rectifiés. (Dénégations au banc de la commission.)—M. MOREAU (de la Seine). Non, il n'y a pas de jugement rendu. — M. LE PRÉSIDENT. L'amendement est-il appuyé ? (Non ! — Oui ! oui !) Il est appuyé, je le mets aux voix. — (L'amendement, mis aux voix, est rejeté. — Les deux paragraphes de la commission sont mis aux voix et adoptés.) »

contrat de mariage dans l'acte de célébration, les personnes, parentes ou autres, qui, par ce même contrat, auraient fait des donations aux époux. M. Rouher, dans sa circulaire aux procureurs généraux, à propos de l'exécution de la loi du 10 juillet 1850, nous dit, relativement aux rectifications éventuellement nécessaires : « Après avoir tracé les devoirs des notaires et des officiers de l'état civil, le législateur a dû prévoir le cas où, malgré les précautions qu'il a prescrites, il y aurait déclaration inexacte. Ainsi, quand l'acte de mariage portera que les époux se sont mariés sans contrat, la femme sera réputée, à l'égard des tiers, capable de contracter dans les termes du droit commun, à moins que, dans l'acte qui contiendra son engagement, elle n'ait déclaré avoir fait un contrat de mariage : cette déclaration, quoique tardive, suffit en effet pour avertir les tiers, qui pourront alors refuser de traiter jusqu'à ce que, par la production volontaire du contrat dont l'existence se trouve révélée, ils puissent vérifier si la femme peut, ou non, s'engager valablement envers eux. — Dans ce cas, comme dans tous ceux où l'existence d'un contrat de mariage sera connue en dehors de l'énoncé de l'acte de célébration, ou quand il sera reconnu que la déclaration faite par les parties est erronée, le ministère public pourra demander d'office la rectification de l'acte de célébration, en ce qui touche l'omission ou l'erreur. Le même droit appartiendra aux parties, avec cette différence que les frais, d'ailleurs peu considérables de la procédure, resteront à la charge de l'Etat, conformément à l'art. 122 du décret du 18 juin 1811, quand la rectification sera provoquée d'office, tandis que les parties devront les acquitter, lorsqu'elles poursuivront cette rectification. Cette différence dans l'acquittement des frais résulte tant du décret cité que de la discussion devant l'Assemblée nationale. » L'art. 76 *in fine* nous renvoie, pour les formalités et les effets de la rectification, à l'art. 99 et aux articles suivants. V. M. Demolombe, t. Ier, n°s 330, 331, 333 et suivants.

PARTIE QUATRIÈME.

DEVOIRS PARTICULIERS IMPOSÉS PAR LA LOI DU 10 JUILLET 1850
AUX PROCUREURS DE LA RÉPUBLIQUE.

17. — Les *obligations, imposées* par la loi du 10 juillet 1850
aux procureurs de la République, sont formulées par l'art. 76,
dernier alinéa : « Dans le cas où la déclaration (des parties)
aurait été omise (par l'officier de l'état civil dans l'acte de mariage), ou serait erronée, la rectification de l'acte, en ce qui
touche l'omission ou l'erreur, pourra être demandée par le
procureur de la République, sans préjudice du droit des *parties intéressées*, conformément à l'art. 99. »

48. — Ainsi, le ministère public est soumis d'abord à un
devoir de *surveillance*, et il peut, de plus, provoquer, au besoin, la *rectification* des actes incomplets ou erronés. C'est
là, du reste, ce que déclare formellement M. Rouher, ministre de la justice, dans la dernière partie de sa circulaire
aux procureurs généraux, pour l'exécution de la loi du 10
juillet 1850, relative à la publicité des contrats de mariage
(D. P., 1850, 3, 79 à 80) : l'économie de la nouvelle loi, dit
M. Rouher, peut « se résumer ainsi : — Obligation pour le
notaire qui reçoit un contrat de mariage d'avertir les parties
de la nécessité de déclarer l'existence de ce contrat à l'officier de l'état civil, en lui remettant le certificat délivré à cet
effet ; — obligation pour l'officier de l'état civil d'interpeller
les *futurs époux* et les personnes présentes *qui autorisent le
mariage*, sur l'existence d'un contrat de mariage, et de mentionner la réponse dans l'acte de célébration ; — enfin, obligation pour le *ministère public* de surveiller avec soin, sous ce
rapport, les actes des notaires et des officiers de l'état civil,
afin de poursuivre ceux de ces fonctionnaires qui ne se seraient pas conformés à la loi, et de provoquer, s'il y a lieu,
la rectification des actes de célébration qui présenteraient,
soit des omissions, soit des déclarations erronées. — L'accomplissement si facile de ces obligations promet des résultats
dont l'avantage sera incontestable. D'une part, la mauvaise
foi ne pourra nier un contrat existant, puisqu'il suffira d'exiger la représentation de l'acte de célébration du mariage pour

savoir à quoi s'en tenir à ce sujet; d'autre part, cette même production, lorsqu'elle établira qu'il n'y a pas eu de contrat de mariage, dispensera les époux, quand ils traiteront avec des tiers, d'une preuve négative souvent impossible, et qui ne saurait rassurer complétement les parties contractantes. — La loi nouvelle sera donc à la fois une garantie d'ordre public, un motif de sécurité pour les engagements privés, et par suite une nouvelle facilité donnée au développement du crédit. A tous ces titres elle excitera, j'en suis certain, la vive sollicitude de la magistrature, et spécialement de MM. les *procureurs de la République*, qui sont plus particulièrement appelés à en surveiller et à en assurer l'exécution. Ces magistrats, chargés de la vérification des registres de l'état civil, devront s'assurer si tous les actes de mariage contiennent la mention de la nouvelle interpellation prescrite aux officiers de l'état civil; en cas d'omission, ils en rechercheront la cause, et, s'il faut l'attribuer à la négligence du notaire aussi bien qu'à celle de l'officier de l'état civil, ils devront les poursuivre à raison des contraventions respectives qu'ils auront commises. — L'omission d'une déclaration affirmative ou négative dans l'acte de mariage sera probablement très-rare. Mais il est à craindre qu'il arrive plus fréquemment que, soit par inadvertance, soit autrement, on déclare, contrairement à la vérité, qu'il n'existe pas de contrat de mariage : en pareil cas, la détermination à prendre est fort délicate; il faut, sans aucun doute, éviter de faire naître des soupçons immérités de fraude et de mensonge; mais, quand il y aura des motifs sérieux de présumer que, nonobstant la déclaration négative des parties, il existe réellement un contrat de mariage, l'intérêt bien entendu des familles, aussi bien que l'intérêt public, ne permettra plus l'hésitation. Le ministère public devra alors employer tous les moyens qui sont en son pouvoir pour découvrir la vérité : son premier soin sera de rechercher dans quelle étude le contrat de mariage, dont on présumera l'existence, aura pu être passé. Les renseignements qui auront appelé son attention lui serviront de guide; il pourra, en outre, faire vérifier par les préposés de l'enregistrement si un contrat de mariage a été ou non reçu par un des notaires de l'arrondissement. A l'aide de ces données et de celles que les circonstances lui fourniront, il parviendra presque toujours à acquérir la certitude de l'existence ou de la non-existence d'un contrat de mariage; mais, ce qu'il ne faudra jamais perdre de vue, c'est que les investigations préalables devront rester complétement secrètes, afin, si elles n'amènent qu'un résultat négatif, de ne point porter atteinte à la considération des personnes dont la bonne foi aurait été mal à propos soupçonnée. — J'ajouterai, monsieur le procureur général, que la loi dont je viens de vous entretenir sera exécutoire à partir du 1ᵉʳ janvier (1) prochain; d'ici là, MM. les procureurs de la République devront éclairer les notaires sur les devoirs qu'elle leur impose. A cet effet, je vous transmets des exemplaires de la présente circulaire en nombre suffisant pour en adresser aux procureurs de la République et aux chambres de notaires de votre ressort. De son côté, M. le ministre de l'intérieur, après avoir pris connaissance des instructions ci-dessus, a bien voulu charger les préfets de faire connaître aux officiers de l'état civil celles qui les concernent. » De tout ceci il résulte que le législateur considère comme un intérêt d'ordre public, à raison duquel le procureur de la République peut agir d'*office*, celui qui concerne l'exécution de la loi du 10 juillet 1850, sur la publicité des contrats de mariage. Voyez, M. G. Debacq, *De l'action du ministère public en matière civile*, p. 198 à 202.

PARTIE CINQUIÉME.

SANCTION ÉTABLIE PAR LA LOI DU 10 JUILLET 1850, POUR ASSURER L'OBSERVATION DE SES DIVERSES PRESCRIPTIONS.

49. — Les *notaires* qui n'observeraient pas les prescriptions de la nouvelle loi sont passibles d'une amende, encourent

---

(1) Cette disposition, relative au point de départ de la loi du 10 juillet 1850, fut adoptée lors de la discussion, à la suite des observations suivantes : —M. LE PRÉSIDENT. Voici le dernier article du projet de la commission : *article additionnel* : « La présente loi n'aura d'effet qu'un mois après sa promulgation. »— M. LABORDÈRE. J'ai proposé, d'accord avec la commission, un amendement qui consisterait à substituer au dernier article celui ci : —« La présente loi n'aura d'effet qu'à partir du 1ᵉʳ janvier 1851. » — Le projet de loi introduit des innovations profondes dans les formules; il

des poursuites disciplinaires et peuvent être même soumis à une action en dommages-intérêts de la part des tiers lésés. V. les art. 1382, 1383, 1394, al. 2, 1397, et la loi du 25 ventôse an XI, art. 12 et 68.

50. — Les *officiers de l'état civil* sont subordonnés aux procureurs de la République, lesquels sont investis par le Code d'un pouvoir de contrôle et de vérification (art. 49 à 54) : en vertu de ce mandat de police, le ministère public a la mission de rechercher les contraventions et d'en faire punir les auteurs. Il peut même, d'après les termes de l'art. **76** *in fine* (addit. de la loi du 10 juillet 1850), demander d'office la rectification de l'acte qui contiendrait une omission ou une erreur en ce qui concerne l'existence ou la non-existence d'un contrat pécuniaire passé par les époux devant notaire. De plus, outre les peines disciplinaires et les amendes qu'il peut encourir, l'officier de l'état civil peut voir éventuellement sa responsabilité gravement engagée, soit vis à vis des époux, soit vis à vis des tiers lésés dans leurs intérêts par suite de l'irrégularité de l'acte (art. 1382 et 1383).

51. — Quant aux procureurs de la République, ils sont, comme on le sait, amovibles, et la surveillance exercée sur leurs actes à la chancellerie, jointe à l'intérêt légitime de leur avancement, suffit largement à assurer l'observation des devoirs que la loi leur impose.

52. — Nous avons à déterminer enfin quelle est la sanction appliquée par la nouvelle loi aux époux qui contreviendraient à ses sages prescriptions. Ce point est fort délicat, et il souleva, en effet, les plus grandes hésitations au sein de la commission et lors de la discussion publique du projet de loi devant l'Assemblée nationale.

53. — Un premier procédé consistait à infliger aux contrevenants une amende, et M. Gavini, qui se fit l'organe de ce système, proposa la formule suivante pour réglementer ce mode de répression : il ajoutait à l'art. 76 du Code civil les deux phrases suivantes : « Les futurs époux qui auront affirmé, contre la vérité, qu'il n'a pas été fait de contrat de

faut donner le temps à l'administration. — M. LE RAPPORTEUR. Nous acceptons tous cet amendement. — M. LB PRÉSIDENT. Je mets aux voix l'article proposé par M. Labordère. — (L'article est adopté.)

mariage, *seront condamnés à une amende* de 100 à 300 fr. (1). — Les personnes dont le consentement est requis pour la validité du mariage, et qui, après avoir assisté au contrat devant notaire, auront fait une fausse déclaration à l'officier de

(1) Il nous a paru intéressant de reproduire ici les termes de la discussion fort approfondie qui s'éleva, à propos de cet amendement, entre M. Gavini et M. Valette, le rapporteur de la commission, dans la séance du mardi 2 juillet 1850 à l'Assemblée nationale législative (*Moniteur* du mercredi 3, p. 2266 et suivantes) : — « M. Gavini. Messieurs, depuis longtemps les économistes et les jurisconsultes, qui cherchent les moyens de faciliter les emprunts et les transactions immobilières, ont signalé les entraves que la non-publicité des contrats de mariage apporte au crédit des époux. En effet, il arrive souvent que des époux, ayant besoin de se procurer des fonds, s'adressent à des banquiers, à des prêteurs ; ils déclarent qu'ils sont mariés sous le régime de la communauté ; que, par conséquent, ils peuvent consentir aux hypothèques sur les biens de la femme ou même aliéner ses immeubles. Ceux qui sont ainsi sollicités de prêter refusent parce qu'ils peuvent craindre que les époux ne soient mariés sous le régime dotal, et qu'ainsi l'emprunt ou l'aliénation effectuée, eux ou leurs ayant-droit, en présentant le contrat dotal, ne rendent illusoire la garantie promise. — Il fallait obvier à cet inconvénient en fournissant aux tiers les moyens de s'assurer d'une manière certaine si les conventions matrimoniales des époux étaient conformes à leur déclaration. — Le Code de commerce était entré dans cette voie d'une manière incomplète en obligeant les notaires, sous peine d'amende, de transmettre aux greffes et chambres désignés par l'art. 872 du Code de procédure, tout contrat de mariage passé entre commerçants pour rester affiché pendant un an sur un tableau ; mais le mode de publicité qu'il édictait ne pouvait suffire. — La proposition de nos honorables collègues, MM. Valette et Benoît-Champy atteint le but d'une manière plus sûre. Cette proposition est renouvelée de celle faite à l'Assemblée constituante par M. Hamard, et sur laquelle le comité de législation avait arrêté une décision que l'on retrouve dans le rapport de l'honorable M. Brillier. — Nous venons de voter, messieurs, les modifications que la commission de l'Assemblée propose d'apporter aux art. 75 et 76 du Code civil. Je les approuve entièrement, car par l'effet de leur exécution il sera, à l'avenir, aisé à chacun de s'assurer si un contrat de mariage règle les intérêts des deux époux.—Ces modifications consistent, vous le savez, messieurs, dans l'obligation imposée aux époux et aux ascendants de déclarer au moment du mariage s'ils ont, oui ou non, fait un contrat. L'officier de l'état civil devra transcrire leur réponse dans l'acte de célébration. — Mais comment obliger par une sanction législative les époux ou bien les personnes qui ont concouru au contrat de mariage à faire une déclaration vraie, pour que les tiers ne puissent pas être induits en

l'état civil, seront punis de la même amende, sans préjudice de tels dommages et intérêts qu'il écherra à l'égard des tiers. »

54. — Ce système présentait un double avantage : d'une

erreur ? C'est sur la nature de cette sanction que je suis en désaccord avec la commission et son honorable rapporteur. — Voici ce que propose la commission. — S'il y a eu fausse déclaration, si les époux qui se sont mariés sous le régime dotal déclarent ensuite, en se présentant devant l'officier civil, qu'il n'y a pas eu de contrat entre eux, et si, à l'aide de cette déclaration mensongère, plus tard, ils parviennent à induire en erreur des tiers et à leur vendre ou à leur hypothéquer un immeuble dotal, c'est-à-dire un immeuble inaliénable, cette inaliénabilité ne pourra leur être opposée, malgré les principes généraux, auxquels la commission propose de déroger en introduisant dans l'art. 1391 du Code civil le paragraphe additionnel suivant : — « Néanmoins, si l'acte de célébration du mariage porte que les époux se sont mariés sans contrat, la femme sera réputée, à l'égard des tiers, capable de contracter dans les termes du droit commun, à moins que, dans l'acte qui contiendra son engagement, elle n'ait déclaré avoir fait un contrat de mariage. » — Ainsi vous le voyez, messieurs, cet article porte, d'une manière formelle, une nouvelle dérogation au principe de l'inaliénabilité du fonds dotal. Je crois, messieurs, que c'est là une modification très-grave et que nous ne pouvons pas accepter. En effet, messieurs, reportons-nous aux motifs qui ont fait déclarer l'immeuble dotal inaliénable, dans l'art. 1554 du Code civil. Je n'ai pas besoin de développer ici ces principes de haute raison et de morale ; vous les connaissez tous. L'inaliénabilité ne reçoit d'exceptions, dans le Code civil, que dans les circonstances suivantes : Lorsqu'on a déclaré dans le contrat de mariage que l'immeuble pourrait être vendu, lorsqu'il s'agit d'établir des enfants nés du mariage, pour tirer le mari de prison, pour fournir des aliments à la famille, pour payer des dettes antérieures au mariage, etc.; toutes ces exceptions sont puisées dans l'intérêt de la famille. Le législateur a été conséquent avec les principes. Le régime dotal avait été institué dans l'intérêt de la famille et dans celui des ascendants donateurs. Eh bien, il n'a voulu y déroger que lorsque l'intérêt de la famille le commandait d'une manière impérieuse. Ici on propose une nouvelle dérogation. Cette dérogation intéresse t-elle la famille ? Non. Elle peut être arrachée à la faiblesse de la femme, par l'influence que le mari exerce sur elle ; et elle aurait pour effet de priver, non-seulement les enfants, mais même les ascendants donateurs, des droits qu'ils ont voulu conserver par le régime dotal. — Je dis que cela est excessivement grave : et encore, comment prive-t-on les enfants et les ascendants des avantages que l'inaliénabilité du fonds dotal leur assure ? Remarquez bien ceci : L'art. 1394 du Code civil dit qu'on ne pourra pas modifier le contrat de mariage pendant le mariage, et qu'on ne pourra y apporter aucune modification avant la célé-

part, il aboutissait à punir inévitablement, par l'application d'une amende relativement assez élevée, les futurs époux et les ascendants qui auraient fait une fausse déclaration, et en même temps il sauvegardait l'intérêt des tiers lésés, en leur

bration, que si toutes les parties sont présentes. — Eh bien, messieurs; qu'arriverait-il dans le système de la commission ? — Supposez que des ascendants fassent une donation à la future épouse, et qu'ils lui donnent par cette donation divers immeubles, mais qu'en même temps ils déclarent que ces immeubles seront inaliénables et soumis au régime dotal. Pour se mettre à l'abri de l'inaliénabilité, les deux époux n'auraient qu'à se présenter devant l'officier de l'état civil, au moment où ils contractent mariage, et là à déclarer, sur l'interpellation qui leur est faite, qu'ils sont mariés sans contrat, c'est-à-dire sous le régime de la communauté. Plus tard ils font la même déclaration à un tiers, et lui vendent un immeuble, et le régime dotal ne pourra pas lui être opposé. — Sans doute, si tous les donateurs pouvaient être présents à l'acte de célébration du mariage, cela n'aurait aucun inconvénient, parce que, si les époux s'avisaient de faire une fausse déclaration, les ascendants réclameraient à l'instant même ; ils assureraient qu'il y a eu un contrat de mariage, un contrat dotal Mais tous les mariages ne se font pas dans l'endroit où se trouvent les ascendants, tous les donateurs n'assistent pas à l'acte ; de sorte que la simple déclaration de deux des parties présentes au contrat suffirait pour déroger aux conventions établies. — Je dis, messieurs, que cela n'est pas acceptable, que cela porte une atteinte profonde aux règles sur lesquelles est basé notre Code civil, à ce monument de la raison et de la sagesse humaine, qualités assez rares aujourd'hui pour que nous n'en fassions pas bon marché quand elles se trouvent dans les œuvres de nos pères. — Sans doute, tant qu'il ne s'agit que d'apporter des modifications de forme comme celles que propose la commission aux art. 75 et 76, il y a avantage à le faire. Mais il y a péril et danger très-considérables de modifier à la légère le chapitre du régime dotal. —Non, messieurs, vous ne pouvez pas, au préjudice des enfants, au préjudice des donateurs, permettre aux époux, par un moyen détourné, de vendre et d'aliéner les immeubles qui avaient été déclarés dotaux. — Ce serait accorder là une prime au mensonge et à la mauvaise foi. — J'ai proposé, messieurs, quelque chose qui me semble beaucoup plus efficace et beaucoup moins compliqué. — Mon amendement fait disparaître les inconvénients contre lesquels je viens de m'élever. J'ajoute un paragraphe additionnel à ceux que la commission veut introduire dans l'art. 76 du Code civil; je dis : — « Les futurs époux qui auront affirmé, contre la vérité, qu'il n'a pas été fait de contrat de mariage, seront condamnés à une amende de 100 à 300 fr. — Les personnes dont le consentement est requis pour la validité du mariage, et qui, après avoir assisté au contrat devant notaire, auront fait une fausse déclaration à l'offi-

accordant formellement l'action en dommages et intérêts, dans la mesure du préjudice causé (comp. les art. 1382 et 1383 Code civ.). D'autre part, ce procédé laissait subsister le régime dotal, dans l'intérêt de la femme, des ascendants

cier de l'état civil, seront punies de la même amende, sans préjudice de tels dommages et intérêts qu'il écherra à l'égard des tiers. » — Voici quels sont les avantages de mon amendement. En premier lieu, il punit inévitablement d'une peine de 100 à 300 fr. d'amende les futurs époux et les ascendants qui auront fait une fausse déclaration. — La commission ne s'est pas préoccupée de cela : elle se borne à faire disparaître, le cas échéant, le bénéfice de la dotalité. — Je dis, au contraire, que, lorsque deux époux se sont présentés devant l'officier de l'état civil, et que là, ils ont fait une fausse déclaration, dans le but d'induire plus tard les tiers en erreur ou dans le but de s'exonérer des obligations que leur auraient imposées les donateurs, il faut nécessairement qu'ils soient punis d'une peine, et cette peine, je demande qu'elle soit de 100 à 300 fr. d'amende ; cela, je l'espère, arrivera rarement.—Quel sera, en effet, l'époux ou l'épouse qui, à ce moment solennel, au moment où ils se trouvent devant l'officier de l'état civil, voudra faire un mensonge, surtout si ce mensonge doit attirer sur eux immédiatement une punition de 100 à 300 fr. d'amende ? Dans le système de la commission, au contraire, comme le mensonge ne doit être réprimé que dans l'avenir, les époux ne sont retenus par aucun frein ; ils pourront dès lors plus facilement s'affranchir de l'obligation que leur imposent les art. 75 et 76. — Je crois, messieurs, qu'il n'y a aucune objection à opposer à mon amendement ; déjà il avait été adopté par la commission nommée par l'Assemblée constituante. — M. LE RAPPORTEUR. Non ; par le comité de législation ! — M. GAVINI. Par le comité de législation de l'Assemblée nationale, devant lequel les différents modes d'assurer l'exécution de la loi avaient été débattus ; et M. Brillier, dans son rapport, fait connaître que ce comité, dans lequel se trouvaient presque tous les jurisconsultes de l'Assemblée, avait repoussé le système qui a triomphé dans votre commission. Mon amendement, messieurs, n'est que la reproduction presque textuelle du projet de loi amendé par le comité de législation. Voici comment M. Brillier repoussait la modification que veut introduire la commission actuelle : — « Frappé de ces considérations, un membre du comité de législation a proposé de prononcer la nullité du contrat de mariage à l'égard des tiers seulement, comme le fait l'art. 1397 pour les contre-lettres qui ne sont pas rédigées à la suite de la minute du contrat. Cette proposition a été combattue ; on a fait remarquer que, dans le système actuel de notre législation, les donateurs, qui sont partie au contrat de mariage, ne sont pas nécessairement appelés à la célébration du mariage ; que, dès lors, ils n'ont aucun moyen certain de veiller à l'accomplissement de la formalité dont il

donateurs et des enfants, parce qu'en effet, d'après les articles 1394 et suivants, l'adoption du régime dotal constitue un acte de volonté irrévocable et une garantie nécessaire pour l'avenir de la famille.

s'agit; que les époux pourraient omettre à dessein cette formalité, afin de se soustraire aux entraves d'un régime qui leur aurait été imposé par le donateur comme condition de sa libéralité; qu'une pareille conséquence serait contraire à tous les principes du droit, et que l'on devait repousser la nullité relative. » Eh bien, je vous demande de rentrer dans les termes adoptés par le comité de législation. — M. LE RAPPORTEUR. Le comité de législation est revenu de son système. — M. GAVINI. Mon honorable ami et ancien professeur (On rit), M. Valette, me fait observer que le comité de législation était revenu de son système. Je n'en vois pas de traces dans le rapport. Ce que je sais, c'est que ce rapport combat d'une manière positive le système que vous voulez faire triompher. J'ai lu, il est vrai, dans votre rapport, que le comité de législation aurait accepté postérieurement des amendements qui avaient été déposés par quelques représentants... — M. LE RAPPORTEUR. Par une dizaine de notaires. — M. GAVINI. Par une dizaine de notaires, si vous voulez. J'ai demandé des renseignements à l'honorable M. Brillier, qui était rapporteur du comité de législation, et il m'a déclaré qu'il n'en avait aucune souvenance. En l'état de son rapport, je crois donc que le comité de législation a dû persister dans sa première opinion, d'autant plus qu'elle me semble plus conforme aux principes. Je le déclare, la commission s'est préoccupée beaucoup plus, selon moi, de l'intérêt des tiers, de l'intérêt des prêteurs, que de celui de la famille et des donateurs que le régime dotal avait voulu sauvegarder. C'est pourquoi je repousse son projet et vous adjure d'adopter mon amendement. — *Plusieurs membres.* Très-bien! — M. LE RAPPORTEUR. Messieurs, la question que vous avez à décider est d'un immense intérêt pour la pratique des affaires. La loi que nous vous présentons, et surtout le principe qui en fait la force, qui en est comme le nerf, et qui est combattu par M. Gavini, sont sollicités depuis de longues années... (Bruit.) Je prierai l'Assemblée de m'accorder un peu de silence. — M. LE PRÉSIDENT. Il faudrait, pour rectifier le Code civil, un peu de la gravité et de la solennité qu'on a employées à le faire (Très-bien!); et, assurément, le conseil d'Etat n'avait pas la tenue que nous avons aujourd'hui. (C'est vrai! — Très-bien! très-bien!) — M. LE RAPPORTEUR. Je dis que le principe, qui sert de sanction à notre loi, est sollicité depuis un grand nombre d'années par les hommes les plus expérimentés, par les jurisconsultes, par les magistrats, en un mot, par des hommes rompus à la pratique des affaires, et en général peu entraînés vers les innovations. Ce sont même des cours souveraines tout entières qui, dans des rapports adressés au ministre de la justice, ont réclamé précisément les mêmes mesures que nous vous proposons en ce mo-

55. — Toutefois ce moyen de répression fut définitivement écarté par le vote de l'Assemblée, sur les vives instances du rapporteur de la commission, par les trois motifs suivants, qui nous paraissent, en effet, parfaitement concluants :

ment. Ainsi M. Gavini vous présente, comme une attaque aux principes fondamentaux de notre droit, l'intérêt des enfants et la stabilité des contrats de mariage, ce qui, je ne dirai pas, a été accepté unanimement dans une commission de quinze membres, (car cette commission, en masse, a pu se tromper), mais ce qui a été signalé comme indispensable par plusieurs cours d'appel dans le ressort desquelles le régime dotal est en pleine vigueur, et qui ont été parfaitement à portée d'apprécier les énormes inconvénients que peut produire la clandestinité des contrats de mariage. Voyez, en effet, comment s'exprime la cour de Caen. Dans son rapport fait à M. le garde des sceaux, en 1846, après avoir demandé en termes formels que, dorénavant, l'existence des contrats de mariage soit indiquée dans les actes de célébration, elle ajoute que, « dans le cas où les époux auraient déclaré qu'ils n'ont pas fait de contrat, ils ne devront jamais pouvoir opposer aux tiers les conventions matrimoniales qu'ils leur auraient laissé ignorer. » Voilà ce que demande la cour de Caen. La commission n'a pas même voulu aller aussi loin ; elle a poussé jusqu'aux dernières limites du possible le respect des clauses du contrat de mariage ; car, lorsque l'acte de célébration est muet sur l'existence du contrat, lorsque cet acte présente non un mensonge, mais un oubli, ce qu'on peut appeler une lacune, la commission ne change rien à l'état de choses existant. Elle n'entend venir au secours des tiers que dans le cas où l'acte de célébration est mensonger, c'est-à-dire quand il déclare positivement qu'il n'existe pas de contrat de mariage, tandis qu'en réalité il en a été passé un, dans lequel le régime dotal a été stipulé. Cette distinction résulte clairement de l'art. 1391 de notre projet. La cour de Rouen émet le même vœu que celle de Caen. Elle déclare qu'il faut rechercher les moyens propres à préserver les tiers des suites funestes d'une fraude dont la jurisprudence, dit-elle, offre de nombreux exemples ; puis elle n'hésite pas à dire qu'il faut « mettre à la charge de la femme toutes les suites de la fausse déclaration qu'elle croirait pouvoir se permettre. » Voilà donc deux cours d'appel dans le ressort desquelles on est habitué, par la force des traditions, à veiller sur le patrimoine de la femme, parce que le régime dotal y est l'objet d'un respect traditionnel ; voilà, disons-nous, ces cours qui réclament un remède contre les fraudes produites par la clandestinité des contrats de mariage ; elles ne veulent pas que les époux continuent à pouvoir impunément tromper les tiers, en leur déclarant qu'ils se sont mariés sans contrat, et en venant ensuite revendiquer les biens achetés ou faire annuler l'hypothèque acceptée sur la foi de leur déclaration ; et en cela ces cours ont incontestablement raison. Car aujourd'hui les tiers

1° La sécurité des tiers n'était pas suffisamment garantie par ce système, et la réparation n'était pas adéquate à la faute commise : l'amende infligée aux époux et aux ascendants contrevenants, l'action en dommages-intérêts elle-même, ne

ne sont point protégés par la législation contre des mensonges de cette nature ; d'où il résulte un autre fait malheureux, très-connu de tous les hommes habitués aux affaires : c'est que des époux qui font une déclaration loyale et vraie, en déclarant s'être mariés sans contrat, n'inspirent plus de confiance. On craint l'existence d'un contrat caché, dont la subite apparition peut devenir pour les tiers une cause de déception et de ruine. Dès lors les affaires ne se font pas, ou bien, pour les conclure, les tiers tantôt exigent des époux certaines garanties extraordinaires, telles que des cautionnements, tantôt suspendent ou refusent des paiements. De là une foule de retards et de difficultés. Veuillez réfléchir quelques instants sur notre système. Qu'y a-t-il de plus simple et de plus juste tout à la fois? Une convention est projetée entre une femme mariée et un tiers; la femme affirme n'avoir pas de contrat de mariage. On lui dit : présentez l'acte de célébration de votre mariage ; s'il confirme votre déclaration sur ce point, nous traiterons sans crainte avec vous, puisque la loi nous garantit que vous serez réputée capable de contracter dans les termes du droit commun. M. Gavini, au lieu de garantir, comme nous le faisons, la sécurité des tiers, vous propose d'infliger aux époux une amende. Mais qu'importe aux tiers, qu'on frappe les époux d'une amende de 100 à 300 fr.? Ce qu'ils veulent, c'est de n'être pas spoliés par les clauses d'un contrat inconnu, et pas autre chose. Quand j'achète, des époux, une propriété et que je crains d'en être évincé par l'effet du régime dotal, est-ce que je serai bien rassuré si les époux me disent : Tranquillisez-vous, si nous vous avons trompé, nous serons condamnés à une amende de 100 à 300 fr.? Ce que je désire, c'est de ne pas être soumis à l'action de la femme invoquant son régime dotal et revendiquant contre moi le bien qu'elle m'a vendu. De même, le prêteur ne veut qu'une chose : c'est d'être sûr de pouvoir se faire payer sur les biens de la femme. Le système de M. Gavini n'aboutit à aucun résultat; c'est un système stérile, qui ne favoriserait point les affaires, parce qu'il n'inspirerait aucune confiance au public. M. Gavini allègue qu'il ne doit pas être permis de renoncer au bénéfice du régime dotal, parce que c'est un acte irrévocable et une garantie pour les enfants. Mais, qu'on le remarque bien, tant que le mariage n'est pas célébré, les époux sont parfaitement les maîtres, après avoir fait un contrat, d'y renoncer ou de le modifier comme bon leur semble. La célébration seule du mariage appose aux conventions matrimoniales le sceau de l'irrévocabilité. Quant aux ascendants et aux donateurs qui ont été parties aux contrats de mariage, ils doivent prendre leurs précautions s'ils veulent empêcher les déclarations fausses qui pourraient nuire aux effets du

suffisent pas à effacer le préjudice éprouvé par les tiers : car l'amende va à l'Etat, et l'action en dommages-intérêts convertit nécessairement en argent une attribution de biens que le tiers avait voulu, d'après les termes de son contrat, réa-

contrat de mariage, et ils doivent surveiller les époux et s'informer du lieu où le mariage sera célébré, afin d'y intervenir et d'avertir l'officier de l'état civil. Enfin, ils ont la ressource de la rectification de l'acte de célébration ; mais les tiers, au contraire, n'ont aucune ressource de cette nature, et ils seront infailliblement lésés, si le législateur ne vient pas à leur secours. M. Gavini, dans la première rédaction de son amendement, qu'il a rectifié depuis, infligeait aux époux, dans le cas de fausse déclaration qui aurait nui aux tiers, les peines de l'art. 401, et, par une suite nécessaire, la condamnation aux dommages-intérêts ; mais M. Gavini n'a pas tardé à comprendre que, si les époux étaient soumis à des dommages-intérêts, on arrivait au même résultat que dans le système de la commission ; car la femme, coupable de la fausse déclaration, aurait été certainement poursuivie sur les biens dotaux, parce que, en cas de délit, la jurisprudence actuelle admet que la femme dotale peut être poursuivie sur ses biens dotaux comme sur ses biens paraphernaux. D'après le nouvel amendement, les ascendants des époux seront seuls passibles de dommages-intérêts, et non plus les époux eux-mêmes. Cela est difficile à comprendre ; car pourquoi les époux, ou, si l'on veut ménager la femme, pourquoi le mari ne subirait-il pas la peine de son mensonge ou de sa faute, lorsque cette peine peut être infligée aux ascendants? Ainsi, d'après notre rédaction, le mari, quelle que soit la gravité de sa faute, ne serait plus tenu de dommages et intérêts. — M. GAVINI. Il en serait tenu par le contrat au moyen duquel il aurait hypothéqué ou vendu. (Réclamations sur plusieurs bancs.)

M. LE RAPPORTEUR. Mais c'est la femme qui aura vendu ou hypothéqué son bien ! J'ai maintenant à dire un mot sur les travaux de l'ancien comité de législation de l'Assemblée constituante, relativement au sujet qui nous occupe. Je déclare de la manière la plus positive, et tous les membres de ce comité, que je présidais ce jour-là, peuvent se rappeler (M. Moreau, membre de la commission actuelle, y assistait) que, sur la demande formée par dix représentants, dont sept ou huit notaires, on adopta un amendement conçu précisément dans les mêmes termes que notre rédaction actuelle, et qui reproduisait avec quelque adoucissement, dans l'intérêt de la femme, la doctrine émise par les cours de Caen et de Rouen. J'ai ici cet amendement, que le comité devait présenter dans la seconde délibération de l'Assemblée. Notre nouvel art. 1391 le reproduit textuellement. Je ferai remarquer, en terminant, que les auteurs du projet et la commission, dans leur sollicitude pour les intérêts de la femme, lui ont réservé un moyen de revenir sur les effets de sa fausse déclaration, après la célébration du mariage ; elle n'est

F.   4

liser en nature, ignorant qu'il serait un jour spolié par l'application des clauses d'un contrat de mariage frauduleusement dissimulé : « Quand j'achète une propriété, dit M. Valette, et que je crains d'en être évincé par l'effet du régime dotal, est-ce que je serai bien rassuré si les époux me disent: Tranquillisez-vous; si nous vous avons trompé, nous serons condamnés à une amende de 100 à 200 francs, (et aux dommages et intérêts de droit commun)? Non assurément : ce que je désire, c'est de n'être pas soumis à l'action de la femme, invoquant son régime dotal et revendiquant contre moi *en nature* le bien qu'elle m'a vendu. De même, le prêteur ne veut qu'une chose, c'est d'être sûr de pouvoir se faire payer

jamais déchue définitivement du bénéfice du régime dotal, en ce qui concerne les tiers; il suffit, pour qu'elle en ait tous les avantages, pour qu'elle puisse en invoquer les bénéfices, qu'en aliénant ou en s'obligeant, elle déclare avoir fait un contrat de mariage. Le tiers ainsi averti devra, s'il le juge convenable, demander communication de ce contrat avant de traiter; mais il n'aura plus le droit d'en repousser les conséquences légales. Voilà le tempérament dont nous avons déjà parlé, et qui permet toujours à la femme de réparer un premier tort, indépendamment du droit de rectification qui lui appartient, ainsi qu'au procureur de la République. Ainsi, dans notre système, dont toutes les parties se lient et concourent au même but, on n'accorde aux tiers que ce qu'il était impossible de leur refuser sans altérer la foi due aux conventions, sans encourager la fraude et arrêter le mouvement des affaires. Si vous adoptez notre projet, désormais plus d'incertitude; tout est régularisé et éclairci. Les tiers n'auront plus à suspecter la bonne foi des époux qui déclareront n'avoir pas de contrat de mariage, tandis que, dans l'état des choses, celui qui accepte cette déclaration peut trouver la sécurité dans la moralité connue des époux, mais ne la trouve certainement pas dans la législation. (Très-bien! très-bien! — Aux voix! aux voix!) — M. LE PRÉSIDENT. Vous voyez la différence : M. Gavini veut que la fausse déclaration soit punie simplement d'une amende. Au contraire la commission veut que la fausse déclaration affecte les capacités mêmes de ceux qui auront fait la fausse déclaration. — M. LE RAPPORTEUR. M. Gavini a présenté un article additionnel. — M. LE PRÉSIDENT. Cela ne peut pas s'appeler ainsi. Evidemment, il remplace votre art. 1391 par un autre. — M. LE RAPPORTEUR. Dites que ce n'est pas l'article. — M. LE PRÉSIDENT. C'est l'amendement présenté par M. Gavini et repoussé par M. Valette, rapporteur, comme diamétralement contraire à l'esprit du projet. — M. LE RAPPORTEUR. Repoussé par le rapporteur, au nom de la commission unanime. (L'amendement, mis aux voix, n'est pas adopté.) »

sur les biens de la femme. Le système de M. Gavini n'aboutit à aucun résultat pratique sérieux : c'est un système stérile, qui ne favoriserait point les affaires, parce qu'il n'inspirerait aucune confiance au public. » Cette démonstration nous paraît victorieuse.

2° Il était inexact de prétendre, comme M. Gavini l'affirmait, qu'il est défendu de renoncer au bénéfice du régime dotal, parce que son adoption serait, de sa nature, un acte de volonté essentiellement irrévocable, et une garantie indispensable pour sauvegarder le triple intérêt de la femme, des ascendants donateurs et des enfants à naître : car, d'abord le principe de l'irrévocabilité des conventions matrimoniales (art. 1394 et 1395) ne s'applique qu'après la célébration de l'union civile : jusque-là, les futurs conjoints sont maîtres de modifier, à leur gré, leurs arrangements primitifs. Quant à l'intérêt de la femme et des enfants à naître, il ne faut pas perdre de vue que le régime dotal est un régime d'exception, considéré même si peu par le législateur comme indispensable à l'avenir des familles, qu'il ne fut introduit qu'après coup dans le Code civil, sur les vives réclamations des repré·sentants des pays de droit écrit. Le projet primitif du Code l'avait entièrement écarté. Enfin les ascendants et les donateurs, qui ont été parties au contrat de mariage, peuvent prendre leurs précautions, et empêcher, en intervenant lors de la célébration de l'union civile, les déclarations fausses qui pourraient entraîner un amoindrissement des effets attachés aux conventions matrimoniales adoptées à l'origine. Ils peuvent, de plus, provoquer la rectification de l'acte de célébration s'il est incomplet (1) ou erroné. Comp. les art. 75, 76, 91 à 101 et 1394 à 1397 du Code civil.

3° Les cours d'appel de Rouen et de Caen, consultées sur la réforme projetée, demandaient formellement que l'on mît à la charge de la femme toutes les suites des fausses déclarations qu'elle croirait pouvoir se permettre ; ces cours dé-

(1) Quant aux tiers, ils n'ont aucune ressource de cette nature : ils n'ont pas qualité pour intervenir au moment de la célébration du mariage, ni pour provoquer la rectification des actes de l'état civil : ils auraient donc été infailliblement lésés, si le législateur ne leur avait pas accordé un secours effi·cace.

claraient que c'était là le seul moyen vraiment propre à
arrêter les fraudes et à ramener la sécurité dans les transactions : or, cette opinion fortement motivée devait être, et
elle a été en effet d'un grand poids sur les déterminations
de l'Assemblée nationale législative; car l'avis émanait de
deux cours d'appel, dans le ressort desquelles cependant on
est habitué, par la force de la coutume, à veiller jusqu'à l'excès
sur le patrimoine de la femme, parce que le régime dotal y
est l'objet d'un respect traditionnel.

56. — L'on arriva, dès lors, à un système de répression
beaucoup plus rigoureux qui consiste à faire céder l'incapacité protectrice de la femme mariée, et à effacer les garanties
qui l'environnent, lorsqu'elle a fait ou laissé faire une déclaration fausse ou incomplète à l'officier de l'état civil au moment de la célébration de son mariage. L'art. 1391 (addit. de
la loi du 10 juill. 1850) formule la sanction légale définitivement adoptée, dans les termes suivants : « Toutefois, si l'acte
de célébration du mariage porte que les époux se sont mariés
sans contrat, *la femme sera réputée, à l'égard des tiers, capable
de contracter dans les termes du droit commun*, à moins que,
dans l'acte qui contiendra son engagement, elle n'ait déclaré
avoir fait un contrat de mariage. »

57. — Avant d'entrer dans l'examen de la portée pratique
qu'il convient d'attacher à cette sanction, nous devons faire
deux observations importantes.

57 *bis*. — *Première observation*. La sanction légale ne serait
point applicable dans l'hypothèse où l'acte de célébration,
dressé par l'officier de l'état civil, serait simplement muet
sur la question d'existence du contrat pécuniaire de mariage :
ce silence de l'acte ne suffirait pas pour que les tiers pûssent
invoquer, à leur profit, la déchéance prononcée par l'art. 1391
in fine : en effet, l'irrégularité saute alors aux yeux, et les
tiers sont en faute de ne s'être point arrêtés pour demander
des éclaircissements. Pour que la sanction légale soit en-
courue, il faut, d'après notre art. 1391, que l'acte de célébration du mariage porte expressément que les époux ont
déclaré n'avoir pas fait de contrat pécuniaire et notarié.

57 *ter*. — *Deuxième observation*. La femme, mariée sous le
régime dotal, même après avoir fait ou laissé faire une fausse
déclaration devant l'officier de l'état civil, n'est pas absolu-

ment déchue, d'une manière définitive, du droit d'invoquer son contrat de mariage : elle peut encore éviter la déchéance légale, sans même provoquer la rectification de l'acte irrégulier, en prévenant, chaque fois qu'elle s'oblige au cours de l'union civile, les tiers avec lesquels elle contracte, de la vérité et de la réalité de sa situation : elle est déchue, nous dit l'art. 1391 *in fine, à moins que, dans l'acte qui contiendra son engagement, elle n'ait déclaré avoir fait un contrat de mariage.* Cette solution est parfaitement raisonnable : car le tiers, ayant été spécialement et personnellement prévenu par la femme au moment du contrat qu'il a passé avec elle, ne peut plus alléguer son ignorance : il n'a pas pu être trompé par les fausses énonciations de l'acte dressé à l'origine par l'officier de l'état civil ; car, précisément, cet acte a été redressé à son profit individuel : il n'a pu, grâce aux confidences,(1) tardives sans doute, mais pleinement efficaces des époux, éprouver un préjudice matériel. que par suite d'une imprudence et d'une faute dont il doit seul supporter les conséquences.

58. — Ceci posé, nous devons rechercher quelle est la portée exacte de la sanction édictée par la loi du 10 juillet 1850 (art. 1391 *in fine*), d'où il résulte que si l'acte de célébration du mariage porte que les époux se sont mariés sans contrat, *la femme sera réputée*, à l'égard des tiers, *capable de contracter dans les termes du droit commun*. Quelle interprétation convient-il de donner à ces dernières expressions?

59. — Est ce à dire que, dans l'hypothèse prévue par l'article 1391 *in fine*, la femme, quoique mariée, et quel que soit son régime matrimonial, devra être *assimilée*, vis à vis des tiers, *à une fille majeure* de vingt et un ans (art. 488), capable de passer tous les actes de la vie civile, sans être obligée de se pourvoir d'aucune des autorisations exigées par les art. 215, 216, 217 et suiv. du Code civil? — Non évidemment: une semblable sanction eût été excessive : car les tiers, s'ils ne connaissent pas l'existence d'un contrat pécuniaire de mariage, savent du moins qu'ils traitent avec une femme

(1) *Quid* si le tiers avait simplement connu par une voie étrangère, autre que la révélation des époux, la teneur des conventions matrimoniales? — La loi du 10 juillet 1850 n'a pas visé ce cas exceptionnel.

régulièrement et légitimement mariée; ils sont, dès lors, réputés connaître les art. 215, 216, 217 et suiv. : ils doivent savoir que toute femme, par cela seul qu'elle est mariée, ne peut pas, sans l'autorisation de son mari, ou de la justice à défaut du mari, aliéner, s'obliger ou acquérir. Il n'y a donc aucun motif de conférer à la femme, dans le cas prévu par l'art. 1391 *in fine*, toutes les prérogatives et tous les droits d'une fille majeure.

60. — Faut-il alors interpréter la disposition de cet article en ce sens que la femme, sous quelque régime qu'elle soit mariée, ne puisse plus, dans le cas où les époux auraient déclaré qu'ils n'ont pas fait de contrat, opposer aux tiers *les conventions matrimoniales quelles qu'elles soient*, qu'elle leur aurait laissé ignorer ? — C'était là précisément la portée de la réforme sollicitée par la cour de Rouen, et nous croyons que la loi du 10 juillet 1850 eût sagement fait de consacrer cette solution ; nous nous expliquerons bientôt sur ce point. Mais nous devons reconnaître que telle n'a pas été la pensée des rédacteurs de la nouvelle loi, qui, préoccupés de la situation particulière de la femme dotale, ont entendu faire une loi de circonstance et d'espèce, beaucoup plutôt qu'une loi générale, rayonnant sur le titre tout entier du contrat de mariage (art. 1387 à 1581).

61. — L'interprétation qu'il convient de donner est certainement celle-ci : lorsque l'art. 1391 *in fine* nous dit que, *si l'acte de célébration du mariage porte que les époux se sont mariés sans contrat*, la femme sera réputée, à l'égard des tiers, capable de contracter dans les termes du droit commun, il faut lire : « *La femme, mariée sous le régime dotal, sera réputée, à l'égard des tiers*, nonobstant l'art. 1554, *capable de contracter et de s'obliger, avec l'autorisation de son mari, ou, à son défaut, avec l'autorisation de la justice, sans pouvoir jamais invoquer l'inaliénabilité, l'imprescriptibilité, ni l'insaisissabilité de ses biens dotaux*, en présence de ce fait que l'acte de célébration de l'union civile affirme les époux mariés sans contrat, » sans doute à cause de fausses indications par eux données : car il n'arrivera presque jamais que l'officier de l'état civil puisse commettre un faux ou en conçoive même l'idée, en présence de la remise loyale et régulière du certificat délivré aux parties par le notaire rédacteur de leur contrat de mariage.

62. — Que tel soit le sens de l'art. 1391 *in fine*, c'est ce que personne ne saurait révoquer en doute, en présence des termes formels du rapport soumis à l'Assemblée nationale par M. Valette, surtout si l'on y joint les explications fournies par l'honorable rapporteur, en réponse aux critiques de M. Gavini, et citées plus haut en note sous les n⁰ˢ 53, 54 et 55. M. Valette explique en effet, dans son rapport, la portée de l'art. 1391 (addit. de la loi du 10 juill. 1850), dans les termes suivants : « On comprend quel est le sens de cette disposition. Il ne s'agit plus de frapper de nullité *absolue* (à l'égard de tous) les clauses des contrats de mariage, ni même de les annuler, dans tous les cas, *au profit des tiers*. Toutes les fois que la clause dérogatoire au régime du droit commun n'affecte pas *l'aliénabilité* des biens de la femme, mais règle seulement les relations pécuniaires des époux, telles que les droits de jouissance et d'administration du mari, la législation actuelle est suffisante. En effet, si les tiers ont des doutes sur l'étendue des droits pécuniaires (propriété et jouissance) qui appartiennent au mari ou à la femme, ils ont une ressource facile, *c'est d'exiger la signature des deux époux*. Supposons, par exemple, qu'il s'agisse d'un immeuble appartenant à la femme, et que le mari propose de donner à bail, en qualité d'administrateur légal de la communauté; si le tiers craint que la femme, au lieu d'être mariée en communauté, ne soit séparée de biens, et que plus tard elle ne vienne demander la nullité du bail, comme fait indûment par le mari, le tiers, disons-nous, peut éviter ce danger en exigeant que la femme signe l'acte de bail. Mais comment se mettre à l'abri des effets du régime dotal, s'il a été stipulé à l'insu du public, et si, mensongèrement, les époux allèguent s'être mariés sans contrat? Nous l'avons dit plusieurs fois, la femme dotale ne s'oblige valablement que sur ses biens paraphernaux ; et si elle a constitué en dot tous ses biens présents et à venir, elle peut, même avec une grande fortune, n'avoir rien à aliéner, ni à engager, en s'obligeant. *C'est uniquement de cette sorte d'incapacité occulte que les auteurs du projet entendent parler*, lorsqu'ils disent que, si la déclaration prescrite a été omise ou se trouve fausse, la femme *sera réputée, à l'égard des tiers, capable de contracter dans les termes du droit commun.* On le voit donc, l'inobservation de la loi nouvelle n'entraî-

nera point, en principe, la nullité, même relative, *de toutes
les clauses* des contrats de mariage. *Elle empêchera seulement la
femme de se prévaloir de l'inaliénabilité exceptionnelle qui dérive
du régime dotal.* Et, nous le répétons encore, le législateur
doit intervenir dans *ce cas particulier, parce que c'est le seul
aujourd'hui où les tiers soient* (à moins de ne pas traiter) *sans
défense contre la mauvaise foi des époux.* Vainement exige-
raient-ils le concours des époux à la signature de l'acte; la
femme n'en pourrait pas moins se faire restituer contre son
engagement. Au contraire, si le système proposé est converti
en loi, les tiers n'auront plus de fraude semblable à redouter,
et, par conséquent, plus de motif pour refuser de traiter avec
les époux qui déclarent s'être mariés sans contrat. Toutes les
fois que cette allégation aura lieu, la marche des tiers sera
toute tracée, et ils se mettront facilement en règle. Ils diront
aux époux : Vous prétendez n'avoir pas de contrat; eh bien,
représentez-nous l'acte de célébration de votre mariage, et,
si cet acte déclare que vous n'avez pas de contrat *ou s'il garde
le silence à ce sujet,* nous ferons affaire avec vous, parce que
nous serons sûrs d'être protégés contre l'application d'un
régime dotal clandestin. Plus on étudie ce système, plus on
le trouve juste et raisonnable. En effet, dans toutes les hypothèses qu'on se propose de régir, il y a une perte à faire supporter, soit à des époux coupables d'une fraude ou au moins
d'une omission grave, soit à des tiers qui n'ont rien à se re-
procher, sinon leur confiance. Or la raison ne dit-elle pas que
c'est en faveur des tiers qu'il faut faire pencher la balance ? La
jurisprudence de ces derniers temps nous présente même des
décisions qui ne sont pas sans analogie avec le cas qui nous
occupe : car on a jugé, à plusieurs reprises, que la femme
ne peut pas opposer l'inaliénabilité de la dot aux personnes
envers qui elle se trouve obligée par suite de délits (Cass.,
4 mars 1845). Bien plus, comme on l'a souvent remarqué, la
formalité qu'on propose d'exiger devra nécessairement précéder le mariage, et, par conséquent, le jour où commence
l'interdiction d'aliéner la dot. Or il est de principe, en droit,
que la validité des contrats de mariage est subordonnée à
l'observation de toutes les conditions légales; seulement ces
conditions ne sont pas toutes de la même importance, et leur
inaccomplissement entraîne, suivant les cas, soit une nullité

absolue, soit une nullité simplement relative et *à l'égard des tiers.* (C. civ., art. 1394 à 1397). Exiger la mention du contrat de mariage dans l'acte de célébration, ce n'est pas autre chose que d'ajouter une formalité à celles que jusqu'à présent le Code a exigées; et il faudra s'y conformer comme aux autres, *du moins toutes les fois qu'on aura adopté le régime dotal,* régime que, sans nul doute, le législateur doit respecter, mais qu'il doit aussi purger des abus qui peuvent le rendre injuste et odieux. Telle est notre réponse (et nous la croyons péremptoire) à cette objection, qu'il ne doit pas être au pouvoir de la femme de renoncer directement ou indirectement au bénéfice de son contrat de mariage. Cela est très-vrai sans doute, sauf encore ce qui a été dit sur le cas où la femme s'oblige par son délit. Mais, qu'on le remarque bien, la formalité nouvelle devra *précéder le mariage.* Elle sera donc imposée dans un moment où la femme a toute sa liberté, et, de plus, si elle est mineure, l'appui et les conseils de sa famille. Or il ne faut pas parler du respect dû au régime matrimonial, lorsque précisément la question est de savoir dans quelle forme régulière ce régime devra être établi. Ce n'est pas tout. En supposant même l'irrégularité commise et l'acte de célébration déclarant faussement que les époux n'ont pas de contrat, la femme, d'après notre projet, ne sera pas encore irrévocablement déchue du bénéfice qu'elle tire de la clause du régime dotal. Le moyen d'éviter cette déchéance est des plus simples : il suffit que la femme déclare, dans l'acte même qui contient son engagement, qu'elle a un contrat de mariage. Du reste, comme l'a très-bien fait remarquer l'honorable M. Carteret dans son rapport du 16 février dernier, il est bien entendu que les tiers, ainsi avertis de l'existence du contrat de mariage, n'auront pas le droit d'en prendre par eux-mêmes connaissance. A cet égard, on ne veut en rien déroger aux lois et règlements qui régissent le notariat; ce sera aux tiers à exiger des époux, avec lesquels ils traitent, la justification préalable de leur contrat. » Il est donc acquis au débat, en présence des termes si formels du rapport de l'honorable M. Valette, que la loi du 10 juillet 1850 est faite uniquement en vue, nous dirions presque en haine de la femme mariée *sous le régime dotal.*

63. — Nous regrettons vivement, nous l'avouons, que les

honorables auteurs de la nouvelle loi aient donné à leur
réforme une portée aussi modeste. Nous aurions volontiers
admis une sanction beaucoup plus large, consistant à décider
que, dans le cas où l'acte de célébration de l'union civile
porterait que les époux se sont mariés sans contrat, la femme
demeurerait entièrement *déchue* du droit d'invoquer son contrat pécuniaire de mariage, *à l'encontre des tiers, quelle que
fût d'ailleurs la nature du régime matrimonial stipulé* : en un
mot, à l'égard des tiers lésés par de fausses déclarations faites
à la mairie, *toute femme* (1) aurait dû, à notre humble

(1) Telle paraît avoir été la portée de la modification sollicitée par les
cours de Caen et de Rouen. M. Valette indique, du reste, les différents plans
de réforme, entre lesquels la commission dut affirmer son choix, et il s'exprime ainsi, dans la première partie de son rapport : Dans divers ouvrages
récents, on a, *dit M. Valette*, présenté des systèmes d'immatricule des personnes, « consistant à réunir dans des registres publics tous les faits qui se
rapportent à l'état et à la capacité des personnes, tels que le mariage, la
paternité, l'adoption, l'interdiction, les condamnations pénales, la faillite, etc.
Parmi ces faits, viendrait naturellement se classer celui du régime adopté
par les époux. Tous ces documents seraient réunis au domicile d'origine de
chaque personne, et la suivraient au nouveau domicile, lorsqu'elle en aurait
changé. Mais, on le voit, il y a là toute une institution à créer ; l'innovation
proposée est même si considérable, que beaucoup d'hommes compétents s'en
effraient et la regardent comme une utopie irréalisable. Tel n'est point le
projet que nous sommes chargés d'examiner. Il se réduit à quelques règles
fort simples, et tout le monde convient qu'il sera d'une assez facile exécution. D'après ce projet, on devrait mentionner dans l'acte de célébration l'existence du contrat de mariage, avec l'indication du notaire, ou bien la circonstance qu'il n'a pas été passé de contrat. Cette mention serait faite sur l'interpellation de l'officier de l'état civil. Pour mieux assurer l'accomplissement
de ces formalités, le notaire devrait délivrer aux parties un certificat, sur
papier libre et sans frais, contenant les renseignements relatifs à la mention
dont il s'agit. Enfin, en cas d'omission de la déclaration ou de fausse déclaration, la femme serait réputée à l'égard des tiers capable de contracter
dans les termes du droit commun, à moins que, dans l'acte qui contiendra
son engagement, elle n'ait déclaré avoir fait un contrat de mariage. (Nouvel
art. 1391.) Du reste, ce projet n'est pas de création nouvelle. On le trouve
déjà, sinon avec les mêmes détails, du moins en substance, dans les observations présentées par deux cours d'appel sur la réforme hypothécaire, et
qu'on peut voir dans les *Documents relatifs au régime hypothécaire*, publiés
en 1844 par M. Martin (du Nord , garde des sceaux (t. II, p. 251 et suivantes et p. 365. Voyez aussi les p. 385 et suivantes. On peut également

avis, être réputée mariée sans contrat et par conséquent
sous le régime de la communauté légale, conformément
à la disposition de l'art. 1393. Il est facile d'apprécier les
conséquences considérables de la doctrine que nous indiquons, si elle avait pu triompher, dans la pratique, à
l'aide de la loi du 10 juillet 1850. Supposons, par exemple,
l'hypothèse suivante : le contrat pécuniaire de mariage,
dont l'existence a été à tort dissimulée, stipulait que les
conjoints, Pierre et Sophie, seraient mariés sous le régime
de la communauté réduite aux acquêts (art. 1498-1499) : Du-

consulter avec fruit les ouvrages de M. Loreau, directeur des domaines, et
de M. Hébert, ancien notaire). Ces deux cours d'appel sont celles de Rouen
et de Caen, dans le ressort desquelles le régime dotal est fort en usage. Elles
signalent les dangers de l'état de choses actuel et elles demandent que la loi
prescrive la mention des contrats de mariage dans les actes de célébration.
Les mêmes idées ont été émises dans plusieurs écrits publiés sur le régime
hypothécaire et sur le crédit foncier. On voit donc que beaucoup d'hommes
éclairés, magistrats, jurisconsultes ou autres, ont cherché dans l'acte de célébration du mariage le moyen de faire connaître l'existence du contrat qui
régit les conventions matrimoniales. Et tout le monde, sans difficulté, tom-
bera d'accord que ce mode de publicité est bien supérieur à celui des affiches
que le Code de commerce prescrit dans certains cas (art. 67 à 70), pour
notoriété du mariage des commerçants. En effet, la loi commerciale n'établit, à
cet égard, aucune responsabilité sérieuse, et ne peut point protéger efficacement
les intérêts des tiers. A l'Assemblée constituante, en 1848, un représentant,
M. Hamard, fit une proposition conforme au vœu exprimé par les cours
d'appel de Rouen et de Caen. De même que ces cours, il attachait à la formalité nouvelle la sanction la plus sévère, *celle de la nullité des conventions
matrimoniales*. Le 26 décembre 1848, un rapport sur cette proposition fut
fait à l'Assemblée, par M. Brillier, au nom du comité de législation. Dans
ce rapport le comité ne consent à admettre comme sanction de la loi que des
amendes et des dommages-intérêts. Mais il ajoute au projet deux dispositions
très-utiles, que reproduit le projet actuel : l'une enjoint au notaire de donner
aux futurs époux les avertissements nécessaires, et aussi de leur délivrer,
sur papier libre et sans frais, un certificat destiné à l'officier de l'état civil,
et contenant les indications qui doivent figurer dans l'acte de célébration ;
l'autre addition autorise le procureur de la République, dans le cas d'omission ou d'erreur, à requérir la rectification de l'acte de célébration. — Depuis le rapport de M. Brillier, des amendements au projet furent présentés
en commun par dix membres de l'Assemblée, dont plusieurs, tels que
MM. Moreau (de la Seine), Bezanson Drappier, Garnon et Vavin, étaient
ou avaient été notaires. Ces amendements furent tous agréés par le comité,

rant le mariage, une succession purement mobilière s'ouvre au profit de Sophie, la femme. Grâce au régime matrimonial adopté par les époux, cette succession ne va pas tomber dans la communauté, en vertu de l'art. 1498, al. 1, *in fine*, lequel exclut, au cas de communauté réduite aux acquêts, l'application de l'art. 1401, al. 1 : comparez les art. 1409, al. 1, et 1411. La succession purement mobilière, dont il s'agit, va dès lors

qui décida que le rapporteur y adhérerait lors de la discussion publique de la loi. Plusieurs d'entre eux ne sont que de simples changements de rédaction ; nous ne nous y arrêterons pas. D'autres ont une gravité réelle et méritent d'être connus. Le premier règle, avec une sage mesure, l'influence que l'inobservation de la loi doit avoir sur la validité des clauses du contrat de mariage. Il n'admet ni la nullité absolue de ce contrat, ni même sa nullité indéfinie *à l'égard des tiers* : il se borne à effacer, au profit de ces derniers, l'incapacité de la femme dotale, seule cause de fraude et d'erreur contre laquelle ils aient besoin d'une garantie spéciale. Nous reviendrons bientôt sur cette garantie ; car là-dessus le projet actuel reproduit à peu près textuellement la dernière rédaction admise par l'ancien comité de législation. Le second amendement, qui se retrouve aussi dans notre projet amendé, fixe le délai à partir duquel la loi nouvelle sera mise en vigueur. Le projet de M. Hamard, amendé par le comité, fut porté à l'ordre du jour de l'Assemblée constituante. Mais l'Assemblée se sépara avant que le vote pût avoir lieu. L'historique qui précède a déjà, en grande partie, fait comprendre le but de la proposition. Nous devons maintenant exposer en quels points votre commission, après l'examen le plus attentif, a tâché de l'améliorer. D'abord, la commission a été unanime pour reconnaître qu'il est utile de mentionner les contrats de mariage sur les registres de l'état civil. Seulement un de ses membres avait demandé que la mention eût lieu non dans l'acte même de célébration du mariage, mais sur un registre spécial tenu à cet effet. Mais la commission a pensé que ce mode d'exécution compliquerait beaucoup les formalités des actes de mariage ; qu'il serait plus simple et plus facile de s'en tenir sur ce point à la proposition primitive, et, en conséquence, d'ajouter tout simplement un n° 10 aux neuf premiers numéros de l'art. 76 du Code civil. La question la plus grave que soulève la proposition actuelle, et que l'ancienne avait déjà soulevée, est celle de savoir quelle sanction il faut donner à la loi. Cette question, nous l'avons vu, avait beaucoup préoccupé le comité de législation de l'Assemblée constituante. D'après le projet qui vous est soumis (nouvel art. 1391), « en cas d'omission de la déclaration prescrite par le n° 10 de l'art 76, ou de fausse déclaration, la femme sera réputée, à l'égard des tiers, capable de contracter dans les termes du droit commun, à moins que, dans l'acte qui contiendra son engagement, elle n'ait déclaré avoir fait un contrat de mariage... »

rester propre à Sophie, la femme; et le mari, Pierre, n'en aura point la libre disposition, comme il l'aurait eue sous le régime de la communauté légale ordinaire, aux termes de l'art. 1421 et des articles suivants. Dans cette situation, Pierre, le mari, offre néanmoins à un tiers, Jacques, de lui vendre tout ou partie de cette succession purement mobilière échue à Sophie, sa femme. Le tiers, Jacques, se rend à la mairie; il consulte l'acte de mariage de Pierre et de Sophie, et il apprend, par la lecture de cet acte mensonger, que *les époux se sont mariés sans contrat :* il en conclut, conformément à l'art. 1393, que Pierre et Sophie sont soumis au régime de la communauté légale, et il se porte en conséquence acquéreur de la succession purement mobilière échue à la femme, parce qu'il est persuadé que le mari en a la libre disposition, par application de l'art. 1421. Sophie, la femme mariée lésée par cet acte, pourra-t-elle invoquer contre Jacques, le tiers acquéreur, son contrat de mariage et faire rescinder l'aliénation indûment consentie par son mari? Oui assurément, elle le peut, d'après les termes de la loi actuelle du 10 juillet 1850, puisque cette loi a été faite uniquement pour garantir les tiers contre les conséquences de l'incapacité particulièrement dangereuse de la *femme dotale :* elle ne le pourrait pas, au contraire, dans notre système législatif qui aboutirait à décider, *sans distinction et pour toutes les femmes mariées*, sous quelque régime que ce soit, que dans le cas d'*une déclaration mensongère*, les époux doivent, à l'égard et dans l'intérêt des tiers, être réputés mariés sous le régime de la communauté légale. Il faut, d'ailleurs, observer que le raisonnement fait par nous à propos de l'aliénation consentie par le mari, d'une succession purement mobilière échue à la femme, serait applicable de tout point à l'hypothèse d'un emprunt sollicité et obtenu par le mari d'un tiers s'imaginant (grâce à l'indication inexacte de l'acte de célébration de l'union civile), qu'il pourrait recourir, en cas de non-paiement lors de l'échéance, sur les biens mobiliers composant ladite succession.

Ainsi restreinte, la loi du 10 juillet 1850 nous paraît manquer de logique et ne pas répondre suffisamment aux exigences légitimes de la pratique. Sans doute, pour justifier cette limitation, certaine en fait, M. Valette a donné des raisons très-spécieuses : on a voulu, dit l'éminent jurisconsulte, protéger les tiers uniquement contre le péril particulier qu'ils pouvaient courir, en traitant, à leur insu, avec une femme dotale, parce que effectivement c'était le seul danger qu'il ne fût pas en leur pouvoir d'éviter, malgré la prudence et la circonspection les plus manifestes : car, en présence de tous les autres régimes (clause de séparation de biens, par exemple, ou régime exclusif de communauté), les tiers peuvent se mettre à couvert en exigeant l'intervention de la femme au contrat ; toute précaution de ce genre serait, au contraire, inutile en présence de la femme mariée sous le régime dotal, laquelle demeure, toujours et quand même, protégée contre les poursuites des créanciers et plus généralement des tiers, par l'inaliénabilité, l'imprescriptibilité et l'insaisissabilité de ses biens dotaux : elle ne peut même pas, alors, céder utilement son hypothèque légale, ni y renoncer (art. 1554, Code civil, et art. 9, loi du 23 mars 1855). De là, la nécessité de protéger les tiers d'une façon spéciale et avec une sollicitude tout à fait exceptionnelle.

Nous reconnaissons volontiers que la position des tiers placés tout à coup, à leur insu et au grand préjudice de leurs intérêts les plus légitimes, en face d'une femme mariée sous le régime dotal, était particulièrement digne d'intérêt : mais pourquoi ne pas protéger également les tiers contre les dissimulations frauduleuses d'époux mariés sous le régime de la séparation de biens ou sous le régime exclusif de communauté ? Sans doute ils peuvent sauvegarder alors leurs intérêts, en faisant intervenir au contrat de prêt ou d'aliénation la femme comme co-obligée conjointe ou même solidaire ou seulement comme caution de son mari : mais n'est-ce pas là exiger un luxe de précautions et de garanties que beaucoup omettront, dans la pratique, de réclamer et d'exiger ? Est-il d'ailleurs bien utile, pour le crédit de l'Etat comme pour le crédit privé des familles, que les tiers soient ainsi naturellement amenés à demander des garanties extraordinaires, telles que des cautionnements multipliés, sources de retards nombreux et quelquefois de difficultés considérables dans la conclusion des affaires de la vie ordinaire ?

L'on a émis cette idée, nous le savons, que les tiers auraient un moyen indirect d'échapper à l'invocation que la femme, mariée (sous le régime exclusif de communauté, sous la

clause de séparation de biens, sous la communauté réduite
aux acquêts, etc.), ferait de son contrat de mariage. après en
avoir dissimulé l existence devant l'officier de l'état civil, au
moment de la rédaction de l'acte constatant la réalisation de
l'union conjugale : les tiers, a-t-on dit, répondront à la
femme : Sans doute, votre mari n'avait pas le droit de noüs
vendre la succession purement mobilière qui vous était échue;
sans doute encore, eu égard aux stipulations matrimoniales
intervenues entre vous et lui, votre mari ne pouvait pas nous
souscrire des obligations et des billets exécutoires sur la même
succession : il eût fallu, pour la validité primordiale de la
vente, du prêt ou plus généralement de l'obligation souscrite, votre intervention et votre signature au contrat. Mais,
du moins, en dissimulant l'existence de vos conventions matrimoniales particulières, au moment où l'officier de l'état
civil a rédigé l'acte de célébration de votre mariage, vous
avez, vous femme, commis à notre égard un dol ou un quasi-
délit, des conséquences duquel vous êtes responsable vis à vis
de nous, par application des art. 1382 et 1383 : or, la seule
réparation vraiment adéquate que vous puissiez nous accorder, c'est précisément de ne pas invoquer, à notre préjudice,
le contrat de mariage que vous avez frauduleusement tenu
ou laissé tenir caché : donc, sans recourir aucunement à la
loi du 10 juillet 1850 (art. 1391 *in fine*), qui n'est pas faite
pour notre situation, et uniquement en vertu des principes
généraux du droit (art. 1382-1383), nous vous dénions la faculté de nous opposer votre contrat de mariage resté occulte.

J'ai le regret de dire qu'un semblable raisonnement, quelque bien fondé qu'il soit en équité, ne me paraît pas admis-
sible. Il a le défaut d'arriver, par une voie détournée, à la
consécration d'une solution que la loi du 10 juillet 1850 ré-
prouve par ses termes restrictifs. D'autre part, l'intention des
auteurs de la nouvelle loi est manifestement contraire à la
consécration de cet expédient. Enfin les tiers sont, de leur
côté, en faute de n'avoir pas fait intervenir simultanément
le mari et la femme au moment de la conclusion du prêt, de
l'aliénation, du mandat, etc. Mais ce résultat, au point de vue
de l'équité, n'en est pas moins fâcheux (1) ; et il est permis,

____

(1) La femme, en effet, aura impunément abusé de la confiance des tiers

tout en rendant un hommage mérité à l'amélioration par-
tielle réalisée, de déplorer la préoccupation exclusive qui a
amené les éminents auteurs de la loi du 10 juillet 1850 à en
faire, (comme nous le disions plus haut n° 60 *in fine*), une loi
de circonstance et d'espèce, là où la sécurité des transactions
quotidiennes réclamait une loi générale rayonnant, dans sa
sanction définitive, comme dans son point de départ, sur le
titre tout entier du contrat pécuniaire de mariage et s'impo-
sant à toutes les femmes mariées, sans acception de régime.

et elle pourra continuer à s'abriter derrière le contrat pécuniaire de mariage,
dont elle a audacieusement dissimulé l'existence.

Imprimé par Charles Noblet, rue Soufflot, 18.

AUTRES OUVRAGES DU MÊME AUTEUR.

Imprimé par Charles Noblet, rue Soufflot, 18.